悲情诗圣杜子美

程韬光 著

商务印书馆国际有限公司

图书在版编目（CIP）数据

悲情诗圣杜子美／程韬光著．—北京：商务印书馆国际有限公司，2016.10（2017.6 重印）

ISBN 978-7-5176-0279-8

Ⅰ．①悲…　Ⅱ．①程…　Ⅲ．①传记小说－中国－当代　Ⅳ．① I247.5

中国版本图书馆 CIP 数据核字 (2016) 第 201532 号

悲情诗圣杜子美

作　　者　程韬光
责任编辑　李东晓
出版发行　商务印书馆国际有限公司
（地址　北京市东城区史家胡同甲 24 号　邮编 100010）
（总编室电话 010-65592876　编辑部电话 010-65227580　市场营销部电话 010-65598498）
网　　址　www.cpi1993.com
经　　销　全国新华书店
印　　刷　三河紫恒印装有限公司
开　　本　710mm×1000mm　1/16
字　　数　160 千字
印　　张　11.25
版　　次　2017 年 6 月第 1 版第 2 次印刷
书　　号　ISBN 978-7-5176-0279-8
定　　价　29.80 元

目录

前言

在中国文学史上，唐诗创造了前无古人、后无来者的诗歌高峰。在诗山的峰巅之上，比肩而立着风格迥异的两位巨匠——诗圣杜甫、诗仙李白。二人的诗歌和人格操守，无疑是正义和自由的象征！

杜甫（712—770年），字子美，生于河南巩义笔架山下，长于唐代东都。历经大唐盛世，遭逢安史之乱，一生颠沛流离，悲情激烈。杜甫是中国杰出的现实主义诗人，亦是世界诗坛的璀璨巨星，享有“诗圣”盛名。“会当凌绝顶，一览众山小”“朱门酒肉臭，路有冻死骨”“出师未捷身先死，长使英雄泪满襟”等诗句，阴郁顿挫，铿锵凝重，铺陈终始，畅极淋漓，以震撼人心的壮丽史诗，将中华民族的精神播撒世界！

杜甫被称为诗圣；杜甫之诗被誉为“诗史”；杜甫之创作使其被看作是一个标志时代集大成的诗人；杜甫忧国忧民之情怀使之延续至今被认为是知识分子社会良知的代表。杜甫以短暂的人生为我们留下壮美的诗篇，为后人记录了那个时代一幅幅活生生的历史画卷与世事变迁，跨越千年而历久弥新。自中唐以降，历代研究杜甫诗歌的著作汗牛充栋，不可胜数，然以文学笔法对杜甫一生和其诗歌进行解读的作品极为罕见。与前人相比，《悲情诗圣杜子美》这部著作则突出体现了对历史人物进行“文学化”叙事和学术研究相结合的魅力，可谓前无古人，意义深远。

如何学习杜甫的亲民意识，“饮酣视八极，俗物多茫茫”？如何发扬杜甫的治学精神，“读书破万卷，下笔如有神”？如何继承杜甫的苍生情感，“穷年忧黎元，叹息肠内热”？如何传递杜甫的雄伟气魄，“致君尧舜上，再使风俗淳”？韬光先生的这部著作为我们提供了诠释杜甫这些思想的最好载体。

为使广大读者和热爱唐诗的朋友了解杜甫和他的诗章，弘扬民族文化精粹，打造民族时代精神，本书以已在热爱唐诗的阅读者中产生强烈反响的长篇历史小说《诗圣杜甫》为基础，将唐诗与杜甫的生平事迹相结合，并保留了原著的故事性与可读性，让广大朋友们在享受小说阅读的愉悦中，轻松学习唐诗。

推荐序

文学解读的魅力

任何一个历史人物从活生生的历史人物到当今读者、观众心中的历史人物，大都要经过四个阶段：历史上的真实人物、历史记录中的人物、后世解读的人物、读者接受的人物。所以，每个历史人物都有四种形象：真实的形象，记录的形象，解读的形象，接受的形象。

真实的历史人物具有两大特点：一是唯一性，二是不可重复性。任何一个历史人物都是唯一的，不可重复的。一旦逝去，永远不可能再生，不可能重复，因此，被今人挂在口头上的"再现历史"是一个极难实现的目标。

如果这个人物被历史学家有意地或无意地记载下来，记载之时，史学家所能得到的有关这位历史人物的书面或口头的文献往往具有某种偶然性，也就是说它不可能是史家最需要的、最详尽的、最客观的文献，即使史学家得到的是非常丰富、非常客观的史料，史学家在记录历史人物时也必须有所取舍而不可能将所有材料全部堆砌于传记之中。因此，从历史上的真实人物到历史文献记录的人物肯定要有取有舍，有补充有想象，有强化有弱化，有神化有丑化，有史学家个人的爱憎、政治倾向、意识形态的制约和影响。这本身就是一种加工！经过了这道最初的加工，历史文献中记录的人物已经有了或多或少的变形，已经和历史上真实的人物有了区别，有些甚至有了很大区别。即使是诗人自己撰写的诗篇，也有刻意与率性之别，掩盖与据实之分。

历史学家记载的历史人物到了今天，有些经过了数千年，有些经过了几百年，今人在解读这些历史人物时，又写出了数量众多的人物传记。这些被今人解读的历史人物，形象迥然不同。同样是一个孔子，有人解读成“丧家狗”，有人解读成和谐社会的构建者。同样一个秦始皇，根据同一本司马迁的《史记》，有人解读成仁君，有人解读成暴君。不但有学者在解读历史人物，每一个时代的当权者也在对历史人物进行符合自己政治需要的解读。这种解读受时代的影响，受解读者个人的好恶影响，受所占有历史文献多寡的影响，受解读时各种客观因素的影响，更受记录历史人物时史学家记录的影响，受解读者政治观点、意识形态的影响，解读后的历史人物与真实的历史人物会有更大的区别。解读历史大都会走向两个极端：神化与丑化！神化是弱化或剔除了历史人物平庸的一面，强化或增补了历史人物不凡的一面；丑化则与之相反。

读者呢？读者也不是完全被动地接受解读的历史，他们也在选择是否接受解读者的解读。无论你是史学大师、文学大家，也无论你是专业作家、业余写手；无论你的书畅销或不畅销，读者对自己关注的历史人物，并不会完全跟着解读者的笔在走，他们也有自己或赞成或反对的看法。总之，读者不是好糊弄的！

作为历史上真实的杜甫，早在一千多年前就已经逝去，而且不可能再现。

我们今天看到的杜甫只是作为历史文献的《新唐书》《旧唐书》中《杜甫传》记载的杜甫，众多杜甫诗集中映现的杜甫。但是，这些记载中记录的杜甫已经和真实的杜甫有了距离。今天，我们根据历史文献和杜甫诗篇再现杜甫，只能再现一位我们心中的杜甫。

让今天的读者认识杜甫有两条路可走：一是历史的解读，一是文学的解读。历史的解读是据文献、诗篇，以理性的语言，告诉我们一个大诗人杜甫。文学的解读是据文献、诗篇的记载，以感性的语言叙述一个传奇的故事，塑造一个大诗人杜甫。虽然二者的解读方式大相径庭，但是，二者的解读都是不可替代的。

比如《三国志》中记载的曹操和《三国演义》中塑造的曹操，哪个更真实？当然是《三国志》中的曹操；但要问哪个影响更大，无疑是《三国演义》。所以，今天无数中国老百姓心中的曹操其实不是《三国志》记载的曹操，而是《三国演义》塑造的曹操。可见，文学解读的魅力非常之大。文学解读的魅力在于让读者试图进入历史人物的精神世界，挖掘有利于我们时代的精神品质，弥补、增进、促进我们人格的完善，以使人性趋向完美，品格得以再次塑造，并使心灵获得足够的力量，使信念更加坚定，理想更为迷人、美好而充满希望的光芒。当然，这是指顶级的文学解读而言。能够像《三国演义》一样以文学创作解读一代历史、解读一个个鲜活的历史人物，非常不易。

韬光先生的这部大作正是以文学创作解读杜甫的成功之作，这又和《三国演义》不谋而合。

韬光先生的这部著作和《三国演义》又有很大区别。《三国演义》是在前人累世创作的基础上加工成书，而此作纯属韬光先生独立撰写。更重要的是韬光先生此作重在挖掘诗人的精神世界、人生状态，努力再现了杜甫作为一个普通人的诗性人生。书中大量引用杜甫的诗篇，《丽人行》《春望》《三吏》《三别》《同谷七歌》等杜诗融入传记小说之中，在环环相扣的情节中让我们领略了一位心系天下的诗圣杜甫，才情杜甫。这是一种个性，更是一种创造。它再一次证明了文学解读的魅力之巨大！

王立群

一·降生河洛

南瑶湾村位于洛水、泗水、黄河交汇之处，此处嵩山、邙山相峙，山清水秀，灵气蕴藉。村后一山，三峰挺立，中峰凸出，形若笔架，故名“笔架山”。大雪初霁，天地澄澈，笔架山似冰雕玉琢，分外秀丽。山后有山，山顶凹陷，形若砚台，俗称“砚王池”；山下一洼清水，俗称“墨水潭”。山不在高，有仙则名；水不在深，有龙则灵。昔日，杜闲祖父杜依艺任巩县县令时，相得此处风水宝地，故而居家。笔架山乃邙山遗脉，土石相间，林木交杂，葳蕤苍翠，实乃人间幽境。远处山峦云缭雾绕，近处墨水潭澄明如镜。山下土坎中嵌入数户人家，院落洁净，齐整有序。

新年甫至，山村虽小，亦是热闹非凡。家家户户桃符一新，锣鼓声声，鞭炮阵阵，辞旧岁，迎新春。男女老少着新衣，访亲朋，拜长辈，上祖坟；择吉时，选利向，道福言。隔河相望，巩县县城更是一派盛世丽景：竹马、旱船，舞影缤纷；春牛、花担，步履杂沓；社戏、鞭炮，响遏流云；烟花、

杜甫诞生窑

彩灯，光耀霄汉。忽然，墨水潭边，古柳之下，一阵钟声响起，声震山村，余音绕空……人们不由放下手中活计，纷纷起身探望，就见杜家老夫人满面春光回应村人：杜崔氏喜得贵子，母子平安！——此子即是杜甫。

杜甫诞生之年，朝廷多变。五月，睿宗改年号“太极”为“延和”；六月，又禅位于太子，称太上皇；七月，太平公主起事谋变，为太子李隆基平息；八月，太子正式荣登大宝，是谓玄宗，改年号为“先天”。一年之中三改年号，古今少有。然唐玄宗即位后，重用贤能之士，尤其是任用贤臣姚崇为相，使朝廷政令畅通，赏罚分明。姚相提出十项治国方略，皆金玉良策。如此，朝廷上下，气象一新。

光阴荏苒，杜甫日渐成长，转眼四岁。他聪慧异常，敏而好学。在祖母教诲之下，已会背诵祖父杜审言的数首小诗。虽不解其意，却因诗文节奏铿锵，朗朗上口，以为好物。只是母亲多病，他常见母亲痛苦蹙眉，故而心中不乐。若值上好天气，杜甫便缠着母亲带他去门前泗河岸上看来往的船队和摇曳的菖蒲，或登上屋后的笔架山眺望洛汭……秋天，风从鄂尔多斯草原吹来，吹来草香、黄叶和雁阵。风中雁阵压低芦苇，使天空更显辽远……杜甫常坐在屋后草甸上，托腮凝思，良久不语，待日将暮，方才返家。

次年，伤心之事接连降临杜家。杜甫有一姊天生柔弱，竟遭流疾袭扰，不幸夭折。看着母亲伤心欲绝的样子，杜甫亦是垂泪不止。他望着门前的豌豆花以及果园内笼着的蓝色水汽，幻想着自己在雨中拼命追赶，仿佛能将迷路之姊带回家中……当杜甫将心意告诉母亲时，母亲更是伤心。麦子收割后，母亲刚刚放下手中的活计，就于一个雷雨天黯然离世。泪水和疼痛没留住她！杜甫总梦见母亲在天上，自己在地上，伸出手来，却如何也触不到母亲的双手……只在凝望中痛哭不止。

多亏二姑自洛阳而来，见到孤单、忧郁的杜甫，痛惜于心。加之祖母要照顾比杜甫更幼小的弟弟杜颖，无暇顾及杜甫，二姑望着他渴望的目光，在一声爱怜的叹息中，将杜甫带回洛阳。

和风骀荡，杨柳依依。杜甫与二姑坐在船上闲话，洛水悠悠，小船欸乃。船过康家店时，正值中午。二姑安顿杜甫在船上小憩，自己和家仆则上岸再备些清水、蔬菜。阳光很好，暖暖地照着杜甫，静静地照着河水。一路之上，杜甫已然困乏，不由伏着船窗，渐入梦乡……

眼前雾霭茫茫。忽然间，一道金光掠过，雾散瘴消，复现碧空。杜甫觉得有凤凰飞来，驮着自己，腾空而起，扶摇直上。耳边风雨呼啸，胯下霞光飞驰……不由随口吟道：

凤凰出东方，翱翔于四溟。
凤鸣如箫笙，凤舞天下平。

正在此时，一声叫“好”将其惊醒。原来二姑放心不下杜甫，草草上岸安排家仆前去采买所需，自己则急忙返回船上。恰听杜甫伏窗吟诗，不由激动道：“所吟何诗？”

“凤凰之诗。”杜甫醒来，望着二姑眨巴眼睛，“适才迷梦之时，见一仙人。”遂将梦中所见告于二姑。二姑惊喜道：“此处河湾正是洛汭，何不取出锅瓢采文？”一面笑着，一面帮杜甫用力地以锅瓢舀取河水，将船身湿透。家仆和船夫上船，惊见姑侄二人于船上戏水，不由劝阻。二姑放下锅瓢，低语杜甫：“甫儿来日必是文采飞扬，诗超先祖。只是天机不可泄，切莫将梦中之事告诉别人，以免为外人指笑。”杜甫点头记下。船夫解开船缆，将篙向岸上奋力撑去，小船欸乃着越过两河汇流之处，沿黄河溯流而上……

父亲杜闲早年闻杜甫《咏凤凰》一诗，诗意盎然，顿觉杜甫如魏时曹植，七步成诗；若唐初骆宾王，七岁咏鹅。才性如此，杜闲心中宽慰。时杜闲已转任兖州司马，且亦续弦卢氏。卢氏接连生下亲生儿女之后，无暇顾及杜甫，待其淡薄如冰。二姑亦心中不舍，杜甫遂长居洛阳二姑家中，在此读书、习字、作诗，以承继“奉儒守官”的世家传统。杜闲于任上公务繁冗，很少返家，遂将先祖杜预所著《左传集解》及其父杜审言所有诗文，交杜甫熟读、研习。杜甫很快为先祖沉郁铿锵的诗文所征服，沉湎于先祖辉煌绚丽的诗文及功业之中……

先祖杜预生于名门世家，自幼“博学多通，明于兴废之道”，为人老成，好学不倦，最喜读《春秋左氏传》，时人谓之有“左传癖”。只因受出身牵连，三十而未仕。曹魏政权归司马氏所擅之时，杜预乘裙带之风，方出东山，从此宏图大展。他伐西蜀、订《晋律》，文武之能，彰显淋漓。晋时名将羊祜临终，向晋主司马炎举荐杜预。晋主遂拜其为镇南大将军，都督荆州事。未几，杜预见吴主无道，境内生灵涂炭，痛彻于心，乃上表文，三陈平吴之策。晋主接表意决，令其引兵十万出江陵，誓师伐吴。杜预文韬武略，用兵有度，史以“以计代战一当万”美誉杜预的指挥才能。他引军夜袭乐乡，计取江陵，奇袭西陵，攻无不克。所到之地，安抚民心，致使沅、湘以南，望风赍印。杜预文武张弛，权谋相宜，驰檄约会诸将，直取建业。吴人惊叹：“北来诸军，乃飞渡江也！”杜预致使天下一统，功莫大焉！为使南北联通，方便百姓出行，他又力主于富平修建黄河大桥。桥成之时，晋主笑谓杜预：“非君此桥不立也！”

杜甫虽少，然读其先祖传记，每每热血沸腾，豪气顿生。杜甫仰慕先贤，暗生大志——以先祖为楷模，以期功于社稷，造福黎民，遂常诵《左传集解》，熟读《守弱学》。

杜甫又得父亲杜闲于山东任上转来的祖父杜审言的全部诗文，更是爱不释手，攻读不息。

祖父杜审言，少擢进士，为隰城尉，恃其才高，傲世独立。与李峤、崔融、苏味道被誉为“文章四友”，世号“崔李苏杜”，人称“天下才子”。崔融亡故之时，杜审言虽已年长，却为其披麻戴孝，行孝子礼仪，足见其对友人的至情至性。唐代诗文大家苏味道曾为天官侍郎，杜审言为其属官集判。一次杜审言于府衙判卷而出，对友人大笑道："味道必死！"友人惊问其故，杜审言诡秘道："彼见吾判精妙，必而羞死。"狂狷可爱至此！其又常对人语："吾文章当得屈、宋作衙官，吾笔当得王羲之北面。"言自己诗文法度森然，只有屈子、宋玉方有资格评价，其书法笔力遒健、精妙，仅随王羲之之后。其矜诞、狂谵类此，可见其儒术深濡、读书车载、文工深厚、才华横溢。后因酒后妄言朝政惹祸，被贬为吉州司户参军。于吉州任上，杜审言再因狂傲不羁，屡犯上司与同僚之故，为吉州司马周季重（又名周季童）、司户郭若讷借机构陷其罪，下于狱中，并上奏朝廷，意欲杀之。

一日，周季重于府衙大设酒宴。正值酒酣之时，忽有一青衣少年，手持匕首，迅如猎豹，直扑而来。周围兵士遮掩不及，周季重已被重伤于座，少年亦为蜂拥而至的军士乱刀杀死。周季重探身相询左右，方知此少年乃杜审言之次子杜并。周季重惊叹："昔闻审言曾祖事母至孝，因其兄为仇家曹策所杀，昼持钢刀，刺杀曹策于京。而后，从容自缚，报官自首，名动京师。不想杜家后有来人！"周季重自知将死，撇开家人救护，继而仰天长叹："审言有孝子，吾不知，若讷故误我。我今以身死，全其孝义美名！"遂不治而死。后文坛泰斗苏颋感伤杜并孝烈，志其墓铭，"因公府宴集，手刃季童于座。期杀身以请代，故视死以如归"，云云。

杜审言因子孝烈，言官、文士纷纷上书为其鸣冤，致使朝廷对其案发回重审，得以清雪，杜审言仍归东都。因其才思敏捷，傲岸自负，武后于洛阳行宫召杜审言应对，欲授其官。武后问道："若授官，卿喜否？"审言闻听，手舞足蹈，笑颂圣意。武后见状，令其赋《欢喜诗》。其脱口而出，揽笔而就，诗情并茂，字字珠玑。武后亦笑："若此才性，焉不狂狷？"遂叹重其文，授著作佐郎，迁膳部员外郎，累迁洛阳丞。后唐廷政权更迭，杜审言因曾与武后面首张易之兄弟相善，于神龙初年，被流放峰州。后又为中宗特旨诏回，入为国子监主簿、修文馆直学士。杜审言病重期间，宋之问、武平一等文士省候病情如何，其笑答："甚为造化小儿相苦，尚何言？然吾在，久压公等，今且死，固大慰，但恨不见替人。"言其在世，才盖诸人，可惜后无来者！未几，杜审言病卒。学士李峤等奏请上皇加赠，遂诏赠著作郎，归葬于洛阳偃师首阳山下。

杜甫每每闻听祖母谈其祖父往事，因其年少，不知悲喜，却对祖父诗文爱不释手，百般玩味于心。

研读诗文闲暇之余，杜甫登邙山，游龙门。浑厚的黄河文化，常使杜甫思绪激荡，感慨万千，深感天地之大，文海浩瀚。九朝古都以其深厚的儒学底蕴，浸润着杜甫的童年和少年时代。在家学渊源与河洛儒学传统的文化氛围之中，杜甫心中系念家国，暗立大志：以凤凰自许，建"安社稷，济苍生"之业。

二·游历吴越

斗转星移，沧海横流；时光匆匆，倏忽数载。杜甫年届二旬，已成峻拔儒雅、风姿翩翩之大男。其诗文歌赋皆佳，为洛阳名士所称赞。时唐玄宗励精图治，重视儒学，尊重贤士，先后任用姚崇、宋璟、张说、张九龄为相，使开元时期经济繁荣，政治清明，社会安定。伴随着社会经济的繁荣，文化亦呈现出辉煌之相：儒学大盛，士人的儒学精神高涨，堪与贞观时期媲美。

太平盛世亦使集诗文、书法、音乐之大成的一代英主唐玄宗渐渐心存骄意，欲念滋生，相继封赐名山，又行泰山封禅之礼。开元十三年，为封禅泰山之行，唐玄宗引领百官移驾东都，并于京城诸司中亲选德才兼备之人，分赴十一州任刺史。时任宰相的宋璟于洛水南岸安乐塬上，代皇上亲为诸刺史送行。为睹盛会，四方官宦豪绅、商贾迁客、文士骚人、贩夫走卒皆云集洛阳，使洛阳一时成为名臣儒士云集之地。杜甫于洛阳常与已卸任于家的魏州刺史崔尚、豫州刺史魏启心等诸人往来。李邕时任北海太守，

少年杜甫

其回洛阳小住之时，竟简从驱车，屈驾前往洛阳仁风里杜甫二姑家中，与杜甫相见，谈论诗文、书法。在数位前辈的引领之下，杜甫对儒学思想、精神的理解更为深入，儒家奉行的仁爱之心与匡世之念已然促成杜甫的人格和操守。且有李邕、王翰等名士提携，杜甫于名士云集的洛阳亦得微名。只是其年纪尚轻，不得官场要领，虽取乡试三甲，又频频出入洛阳翰墨场，诗文风雅，却一直未有功名。

李邕如同望穿杜甫心事，手抚杜甫肩背，语重心长道："若承祖业，须历经世事，胸怀文韬武略。你已读千卷书，是该走万里路之时。"

此言如同一道亮光穿透杜甫心底。杜甫遂于开元十九年，趁着暮秋暖阳，于洛水天津桥乘船，沿黄河再转道鸿沟汴水，向东折南，沿汴水和大运河顺水而去，开始其吴越漫游。

一路之上，杜甫时有停歇，时有吟诵。惜文均散佚，诗亦不存。暮春时节，杜甫乘百水千浪终抵江宁。

江宁又名石头城，地势险要，自古形胜。共有六朝建都于此，数十皇帝于此施展霸业。杜甫上岸，顿见钟山叠翠，江水澄碧；杂花盛开长堤，杨柳斜倚古墙；数条大街，铺开万千门户；流水小桥，荡漾车水马龙。一股迥于洛阳的江南气息扑面而来，使杜甫胸襟豁然，视野陡增。

烟花三月，杜甫辞别江宁，随许八、旻上人，乘艨艟官船，顺江直下，前往扬州大明寺拜望鉴真方丈。

大明寺因初建于刘宋孝武帝大明年间而得名。古城扬州北郊，蜀冈蜿蜒绵亘，大明寺就位于蜀冈中峰之上。三人沿数百台阶拾阶而上，迎面牌楼庄严典雅：四柱三楹，下砌石础，仰如华盖。中门之上，面南有篆书"大明寺"三字，字体雄美，古风流溢。跨过天王大殿，但见庭院开阔，古木参天，香烟缭绕。东有千年桧柏，西有百岁黄杨，中有宝鼎两尊。大雄宝殿傲然挺立，面阔数丈，前后回廊，檐高三重，镂空花脊。屋脊高处嵌有宝镜，阳面有"国泰民安"，阴面有"风调雨顺"。殿内法相庄严，经幢肃穆；木鱼警钟，法器俱全。

“大雄”释迦牟尼佛坐于正中莲花高台上，褒衣博带，袈裟轻盈；拈花微笑，慈悲淡然。迦叶左侍，严谨持重；阿难右立，温文虔诚。文殊、普贤凝眸若思，心仪妙德；南北二菩，含睇若哂，面驻春风。飞天环穹而翔，衣带飘飘；香音弄琴而歌，妙音融融。杜甫净手焚香，心中默祷。旻上人见其虔诚事佛，以为杜甫有心向佛，可为同道，遂指着殿中佛像吟出：“三尊大佛，坐狮、坐象、坐莲花。”杜甫闻听，略思片刻，应声接道：“一介书生，攀龙、攀凤、攀桂子。”此语一出，旻上人已知杜甫虽有向佛之心，却无遁世之念。

之后，三人走出大雄宝殿，观看藏经楼，就见藏经楼苍朴厚味：二层五楹，轩敞疏廊；画栋飞云，珠帘卷雨。屋脊之上阳嵌“法轮常转”，阴刻“国泰民安”，乃唐初书法大家褚遂良的娟秀书迹。藏经楼正厅有《金刚经》句题联：“当知是处恭敬供养，不可以百千万劫说其功德；若复有人受持读诵，已非于三四五佛种诸善根。”再看其侧，平远楼撰联：“三级曩增高，两点金焦，助起杯中吟兴；双峰今耸秀，万株松栝，涌来槛外涛声。”杜甫暗叹联语造句雄浑，写其楼外风景极为恰切。三人又步入大明寺西园，顿见古木参天，怪石嶙峋，池水潋滟，亭榭典雅，实乃饶有山林野趣之寺庙园林！园内僧人甚众，游人如织，香火缭绕，香气氤氲；寺内钟声，肃穆悠远。

大明寺古刹名僧辈出，尤以唐代律学大师鉴真最为著名。鉴真乃律宗南山宗传人，自幼随高僧智满禅师学佛，后赴长安从弘景法师受具足戒。先后数年，巡游两京，究学三藏。鉴真律学虽师承南山宗，但其不持一家之见，于传授律学之中，将南山宗、相部宗和东塔宗兼容并包，尽取精要。鉴真于佛教建筑、雕塑上亦有颇多建树。据《唐大和尚东征传》记载，鉴真后归淮南，教授戒律，每于“讲授之间，造立寺舍……造佛菩萨像，其数无量”。鉴真尤擅医术，博达多能，品鉴极精，深得医理。他曾住持大云寺之悲田院，为人治病时，亲为病者煎调药物，医德甚高。

杜甫、许八由旻上人引领，穿过西园，入大明寺后院。旻上人道："子美佛心见性，何不成佛？"

杜甫笑答："自度成佛，奈苍生何？"

旻上人接道："以心传心，明心见性，普度众生。"

"众生如我，人皆成佛，佛又是谁？"杜甫回应，"我知上人之心。然甫既着尘世，尚无一德以济众生，尚无一事以利百姓。若独寻清静，心中憾矣！"

见杜甫心意已决，旻上人亦不再多言，遂引领杜甫、许八拜见僧值，言其欲拜望鉴真方丈。旻上人乃佛门弟子，鉴真于江宁瓦官寺弘法时，亦喜旻上人绘画技艺，曾与之共论甚欢。闻其前来，遂着小僧引入方丈室。杜甫视大师面若净水，心怀日月，躬身施礼道："巩洛布衣杜甫千里慕名而来，不为长生之道，而求人间医术，以期小以忠孝，大济苍生。"

"施主已略知法理。我佛慈悲为怀，普度众生。弘法之要，医苍生之心；中医之要，医苍生之体。灵肉归一，乃佛法之大成也。既求医道，可知松风明月之间，有何等草木入药？可知何为上、中、下之药？" 鉴真大师表情淡定。

杜甫虔诚应道："晚生涉足江湖山川未几，见识尚浅。知麻黄、细辛、芍药、附子、远志、黄芪、甘草、苦参、当归、柴胡、川芎、玄参、地黄、紫苏、丹参、黄芩、桔梗、旋覆花、苍术、知母、半夏、芫花、栀子、五味子、黄柏、杏仁、厚朴、肉桂、杜仲、唐木瓜、大枣、蜀椒、花椒、吴茱萸等物，可以入药。"鉴真大师微微颌首，杜甫又道："晚生愚钝，又以为上药医病，中药保命，下药养身。"

"施主前来求医术，乃大道之行。又知数十种草药之名，亦见心性方纯。只是，施主应知上药医神、中药医心、下药医病之理。"见杜甫疑惑，鉴真大师又道，"人体乃阴阳混沌之体，保持中和才得平衡，则疾病不存。

若阴阳失衡，则疾病必来。身体若无阳燥，又不阴虚，一直保持中和之气，则会百病全无。故而，操持中守乃人生之要。此乃医神也。中医之学，乃阴阳、五行、气血津液、脏象、经络、运气；医疗之学，乃病因、病机、诊法、辨证、治则、治法、预防、养生之道。世间万物，皆由阴阳而成，凡剧烈运动、外向、上升、温热、明亮之相，皆属阳。相对静止、内守、下降、寒冷、晦暗之相，皆属阴。二者相互滋生、相互制约、相互变化，构成世间万物。只有和气中正，方有和谐太平，此乃医心也。故而，医德医人以概念、辨证、论治为要，望闻问切，对症下药，辨证论治。寒者热之，热者寒之，以致中和。寒者热之，结者散之，逸者劳之，微者逆之，甚者从之，不能逆它；上之下之，摩之浴之，薄之劫之，以平为期，以和为重，致其中和，此乃医病也。知此理者，方可成良医也！”

杜甫闻言，若醍醐灌顶：“大师所言，契合儒家《中庸》。《中庸》有云：‘中也者，天下之大本也；和也者，天下之达道也。致中和，天地位焉，万物育焉。’圣人云，‘治大国若烹小鲜’，亦有温敦、中和之意。”

“已知医理也！”鉴真大师微笑道，“儒家‘六经’亦乃生命之道。施主慧根，又怀慈悲之心，我期施主来日‘山、医、命、相、卜’五术精纯，造福黎民。”

待鉴真大师言毕，就见僧值引着两位僧人入内。僧值低语于大师：“日本僧人荣睿、普照不辞万里，漂海来华，学佛留学，并敦请方丈赴日传佛弘法。”

鉴真大师不语，口中默诵佛号。日本僧人荣睿、普照伏地施礼：“日本与大唐一衣带水，邻里之邦。然日本僧侣戒规不严，佛法受阻。天皇着小僧敦请大师东渡扶桑，普度众生。”

杜甫三人见状，与鉴真大师默默施礼而退。

后闻鉴真大师历经磨难，六次东渡，方至扶桑。旋为日本天皇、皇后、太子等人授菩萨戒，为沙弥证修等数百人授戒，自此，日本始有正式的律学传承。在营造、塑像、壁画等方面，鉴真大师与弟子采用唐代最先进的工艺，为日本天平时代艺术高潮之形成，大增异彩。唐招提寺建筑群即为鉴真及弟子留下的杰作。鉴真及弟子大都擅长书法，去时携带羲之、献之父子真迹，影响深远。迄今，日本人民犹热爱中国书法艺术。唐时，日本佛典多从朝鲜传入，口授、手抄经典，谬误难免。据《续日本纪》记载，天皇曾为此委托鉴真校正经疏。鉴真对于日本尤为重要的功德是对医药学知识的传播，他因此被奉为医药始祖。日本豆腐、饮食、酿造等行业亦认为其技艺皆为鉴真所授。鉴真大师功莫大焉！

杜甫面见鉴真大师，自是体悟大师大爱无疆之心。并于闲暇之余，思鉴真大师之言，探究药理，思索人生。潜默之中，将儒学精神与中医理论相结合，于其诗文中，体现出平和、中正之美，也体现出物我与共的慈悲情怀。

杜甫不知鉴真大师亦准备十年之后方渡扶桑，心中以为大师已经东渡，遂雇船欲追随鉴真大师东去。不料，船夫闻东海风暴突起，推辞不往，杜甫深以为憾。以至晚年尚有诗记道：

东下姑苏台，已具浮海航。
到今有遗恨，不得穷扶桑。

杜甫带着遗憾，南渡钱塘江，漫游会稽，凭吊卧薪尝胆、终报国仇之越王勾践，功成身退、泛舟江湖之范蠡；凭吊闭花羞月之浣纱女；凭吊古城、江水和生于斯而老于斯之所有生灵……

杜甫于剡溪乌篷之中，不由再次对吴越文化静心细视：吴越文化在相互交融、激荡、流变、渗透与集成之中，逐渐形成了统一特征——粗犷中蕴涵精雅。六朝至隋唐之晋室南渡，士族文化之阴柔特质以及对温婉、清秀、恬静之追求，又改变了吴越文化的审美取向，逐步注入士族精神、书生气质，从而使吴越文化进一步张扬与推进，造就了吴越的文化习性与人文精神。

吴语、吴歌、园林、传说、河姆渡、天台宗等使杜甫感慨不已，视野开阔；鉴湖、剡溪等美景使杜甫徜徉不已，诗思涌动。“越女天下白，鉴湖五月凉。剡溪蕴秀异，欲罢不能忘”……杜甫时时不能自持，口诵吴歌：

夜长不得眠，明月何灼灼！

想闻欢唤声，虚应空中诺！

杜甫于委婉清丽之吴歌声中，又至余杭盘桓数月恣享吴越之地秀丽风光及文化浸润。名山大川使其诗文壮阔，沧桑历史使其诗文深沉。杜甫诗风亦在漫游之中，彰显气候：既有苍凉雄浑之气，又有委婉清丽之音；沉郁顿挫，铿锵凝重，包罗万象，中和严谨。

三・应试东都

杜甫再转回姑苏、扬州、江宁之时，就见各处年青士子纷纷整理行囊，前往东都洛阳参加科考。开元二十三年，因长安秋雨成灾，唐玄宗游幸东都，并诏告天下：朝廷将于次年初春于洛阳举行特进进士选试。杜甫接到家书，遂沿来时之路，匆匆赶回洛阳，满怀信心地准备入春闱求仕。

当时，吏部试常例于春季举行，又称春闱。考试科目分常科和制科两类。每年分期举行之科考称常科；由皇帝下诏，临时举行之考试称制科。常科科目有秀才、明经、进士、俊士、明法、明字、明算等五十余种，因唐朝宰相大臣多是进士出身，故而进士科尤为时人所重视。进士科重诗赋、策论，然名额极少，因此进士及第称“登龙门”。得中进士者皆由礼部召之于杏园参加朝廷盛宴，而后结伴游曲江，至慈恩寺大雁塔下题名。中唐孟郊《登科后》诗中云“春风得意马蹄疾，一日看尽长安花”，尽道进士及第的欢欣与荣耀！

■ 急赴京都

唐代取士不仅要看考试成绩，还要看考生的社会名望，还须有各地名士推荐。故而，唐时文人雅士广有漫游，以挣个人名望；干谒成风，以期达官贵人荐举。

杜甫以为自己数年漫游，已是眼界开阔，才华展露，诗文、书法、辞赋皆已精通，此次应考，必“摘青紫如拾草芥”！甚至，连屈原、贾谊、曹植等文章大家亦不被其放在心上，颇有祖父杜审言狂狷之风。

科考于洛阳崇业坊福唐观如期举行。杜甫心中暗咏着“愿得展功勤，输力于明君。怀此王佐才，慷慨独不群”，怀着自信自负，步入守卫森严的考场。

杜甫急于崭露头角，急于将自幼苦读之功及胸中才华展示，急于将数年漫游经历道出；杜甫想让天下士子仰慕，想让阅惯行卷的考官惊叹，想让朝中衮衮诸公、芸芸墨客赞赏，更想直趋皇宫，面圣上奏治国方略……杜甫于答题之时患得患失，为自己早负才名而累！故而早将二姑“悉心研墨濡毫，用心遣词造句，以平常心去取青紫”的嘱托忘于脑后。性情使然，要么辞藻华丽玄奥，要么诗文典故迭出，要么论政高而不切……各地士子于舍棚之间，或苦思冥想，或挥毫不止。宫廷卫士看守于外，时有作弊之人被绑缚而出。待墨义、贴经、策问、诗赋诸科考毕，杜甫已是疲惫不堪。然而，他却信心十足，暗自以为此次科考必中皇榜。

只是杜甫不知其策论观点，皆代黎民而言，与朝廷之意相悖甚远；其诗赋虽美，却有规谏之辞，更是大忌；况其拗口“功夫诗”典故堆积，高而难解。杜甫满怀期待，以为皇榜一出，便可如蛟龙出世，大展抱负，建功社稷，造福黎民，却不想此年皇榜张出，有贾至、李颀、李华等二十七人，独不见杜甫之名！

杜甫内心孤傲，自视颇高，尤以为自己文才可以匹敌屈原、贾谊，可以俯视曹植、刘桢，结果却未能上榜，不由惆怅万端，借酒浇愁……

时光飞逝，转眼已是来年春天。杜甫自故纸堆中抬起头来，对二姑道：

“我欲漫游齐赵，以得浩然慷慨之风。”

开元二十五年，杜甫于天津桥头登上大船，向北而去，开始漫游齐赵。他口中不断默诵千百年来脍炙人口的胡服骑射、邯郸学步、完璧归赵、负荆请罪、价值连城、将相和、刎颈之交、围魏救赵等成语典故，反刍着其言简意赅、精辟神妙、富于哲理、耐人思索之余味，趁着春日丽景，与寇锡、韦之晋携着美酒，登上赵王丛台，缅怀古人，翘首放歌。登太行，游漳水，盘桓数月。于冬日大雪之中，与苏源明骑马射猎于齐景公曾畋猎过的青丘荒野大林。于万物复苏的初春，登泰山而小天下，一首千古绝唱《望岳》，遂在泰山峰腰岱宗坊，浩然而成：

岱宗夫如何？齐鲁青未了。
造化钟神秀，阴阳割昏晓。
荡胸生层云，决眦入归鸟。
会当凌绝顶，一览众山小！

杜甫此次漫游齐、赵、东鲁，前后共历五年之久，直至接到洛阳家书，得知二姑卧病已久，方急辞兖州，返回洛阳。

此时，因《望岳》等诗，杜甫于洛阳诗名已起。洛阳名士纷纷相邀。尤其是时已卸任于家的司农少卿杨怡对杜甫诗才、人品更是赞赏有加，屡屡设宴，与其谈诗论文。闻杜甫因漫游长达十年，一直未娶，其怡有一女，品貌端庄，待字阁中，遂以“杜甫大才，将来必有大成”，暗与女儿说合。

杨怡之女自幼跟随兄弟读书，心性玲珑，颇知诗书。达官贵族子弟多闻其雅静娴淑，清娟秀丽，纷纷登门相求，然其甚喜杜甫诗文，心存仰慕，遂不以杜甫家贫，欣然应婚。杜甫婚事于洛阳而成，自是高朋满座，冠盖如云，一时之盛事也！

杜甫与杨氏成婚之后，恩爱无比，琴瑟和鸣。夫妻就居于偃师首阳山

■ 踏上归途

下陆浑庄，男耕女织，养鸡种草，采药熬丹，悠然度日。

天宝三载春天，正是牡丹花开动京城的时节。比牡丹花开更能惊动洛阳城之事，乃是名满天下的翰林学士待诏李白为朝廷赐金还乡，途经洛阳。其时，李白已大名远扬。“百姓皆诵太白诗，皇上亦珍绝妙词。”洛水之畔，画舫之上，无处不有李白的诗作传唱；高朋宴饮，阔堂楼阁，时闻李白《将进酒》之复诵。数年来，杜甫无处不闻李白挥洒着浪漫无羁、自由奔放的华丽诗章，却每每于其诗中，分明感到一股郁愤不平之气，隐隐包含着忧国忧民之思。杜甫于内心深处，早已将李白视为知音。甚而，杜甫于冥冥之中相信李白若读过自己的诗文，亦必以子美为知音！

闻讯心中仰慕已久的李白就在洛阳，杜甫心神往之，却止不住满腹惆怅：一个名满天下，被誉为大唐“谪仙”，居庙堂之高；一个徒有才学，尚无功名之布衣，囿于江湖之远！李白虽近在咫尺，亦恐相见不易！

杜甫正为此事惆怅之时，妻子杨氏推门入内，笑谓杜甫：“还不快些更衣？李太白将辞洛阳回乡，洛阳名士正于天津桥头董家酒楼为其送行。”见杜甫惊愕，面带疑惑，杨氏又道，“我刚从父亲处回来。父亲言，李白刚至洛阳，就于府衙欢宴之上，问起‘诗痴’之名。言其诗‘闲逸雄浑，沉郁顿挫’，乃‘前无古人，后无来者’之作，恨不得相见。故而，洛阳府尹着家父转告，必要你去和李白相见。”

妻子之言，若一枚石子投入杜甫结着薄冰之心湖！杜甫满怀激动，匆忙换上干净素衣，向洛阳天津桥头而去。

天津桥若一道彩虹凌驾于洛水之上。董家酒楼因地处桥头，环境优雅，楼堂富丽；加之其酒菜可口，尤擅洛阳水席，故成为洛阳达贵宴饮之地。杜甫入内，酒宴早已开始。觥筹交错，热闹非凡。洛阳达官名士无人中断起席向李白介绍杜甫，杜甫只好叨陪末座，静静望着上座李白：年约五旬，面若白玉，两眉入鬓，目如电光；头顶青巾，身着紫袍，傲岸挺拔，俊逸若仙，浑身洋溢着松竹气概，正与在座洛阳名士谈笑风生。杜甫心中暗叹：“果是仙风道骨，神游八极之表！”只是不经意间，杜甫感觉到李白虽双目如炬，却掩不住其眉宇间愁苦之色；虽神情飘逸，却掩不住身心里萧索之态。杜甫于敬重之中，对李白忽有惺惺相惜之感！

满座之人皆洛阳达官名士，纷纷起身向李白敬酒。李白亦来者不拒，开怀畅饮。中坐老者乃洛阳府尹，身着紫肩绶带，腰悬绯色鱼袋，满面红光，神采飞扬，正手持酒盏，笑吟李白之诗：“谁家玉笛暗飞声，散入春风满洛城。此夜曲中闻折柳，何人不起故园情。”见李白闻诗驻杯，府尹急忙趋首，笑谓李白：“此绝句乃‘谪仙人’入京路过洛阳所作，为洛阳增色扬名。今李学士沐浴皇恩，赐金还乡，再过洛阳，何不再遗大家儒风，传至后世？”

李白朗声笑道：“时过境迁，心绪不同。今夕只求与诸君笑谈风月，痛饮美酒，大醉而归！”言毕，高举酒盏与洛阳府尹接连碰杯。府尹借着酒气，一定要李白赋诗，诸人亦是连声附和。李白只好停杯，悠悠吟道：“白玉谁家郎？回车渡天津。看花东陌上，惊动洛阳人。”众人闻诗，皆以为妙，拊掌叫好。

数巡酒后，李白起身敬酒，动作却让人惊诧！李白径直走向叨陪末座之人，只见那人面容清瘦，衣着朴素，然神情庄毅，文质彬彬，尤其目光之中，透着感人至深之大悲悯！于洛阳达官贵人惊诧的目光之中，有人趁机上前介绍：“此人杜二，亦好诗文。”杜甫不卑不亢，起身施礼道：“晚辈乃巩洛布衣杜甫，字子美。晋时杜预之后，今朝杜审言之孙。久慕李学士之名，今日得见，如在梦中。”

“我于长安之时，已于中书侍郎严挺之府上，闻‘诗痴’之名。知子美写诗用功，仔细认真。从不轻易下笔，下笔则必精确，令人百般推敲，亦难更改一字！子美博览群书，天姿聪颖，早已锦绣满怀，所谓‘读书破万卷，下笔如有神’！子美非寻章摘句、扬子雕虫之类，实乃慷慨大度、不拘小节之名士也！今日相见，果是人如其诗，淡泊简静，气清骨峻。愿与子美满饮此杯，以交忘年，以慰平生！”李白言毕，与杜甫连饮三杯，方转身与洛阳名士对饮。杜甫心中顿时感到一股暖流涌过！

李白又与洛阳诸人高声道：“子美俊才！我昔日于泰山作诗数首，与子美《望岳》相比，果是一览皆不如。”诸人闻之皆笑，唯李白不笑。

杜甫略有不安，连忙举杯道：“学士抬爱！天下能作出《将进酒》《行路难》《蜀道难》之诗者，唯谪仙人也！”

李白大笑，对诸人再放豪语：“若太白为天空，子美乃大地也！太白与子美皆为日月！今日相会，洛阳之天空，日月同辉矣！”诸人不笑，唯李白、杜甫大笑。二人趁势撞响酒杯，连饮数次。酒宴散时，李白盛邀杜甫明日再至驿馆一谈。

翌日，杜甫郑重造访李白。李白对其若老友一般，于驿馆备下香茶，与杜甫促膝畅言。李白认真翻阅杜甫诗稿，不觉读出声来——《临邑舍弟书至，苦雨黄河泛溢堤防之患，簿领所忧，因寄此诗，用宽其意》：

二仪积风雨，百谷漏波涛。
闻道洪河坼，遥连沧海高。
职思忧悄悄，郡国诉嗷嗷。
舍弟卑栖邑，防川领簿曹。
尺书前日至，版筑不时操。
难假鼋鼍力，空瞻乌鹊毛。
燕南吹畎亩，济上没蓬蒿。
螺蚌满近郭，蛟螭乘九皋。
徐关深水府，碣石小秋毫。
白屋留孤树，青天矢万艘。
吾衰同泛梗，利涉想蟠桃。
倚赖天涯钓，犹能掣巨鳌。

此诗乃杜甫早年所作排律。时黄河泛滥，河南、河北诸郡皆遭严重水灾。杜甫之弟杜颖任山东临邑县主簿，写信告知杜甫当地水灾之情。杜甫心系黎民之苦，又牵挂弟弟，故写下此诗以宽慰其怀，并表达自己欲制服水患之愿。李白读其诗，尤为开篇四句感慨不已："子美此诗，可谓气吞山河，海涵地负。黄河浪高堪比沧海巨涛，子美却凛然不惧，愿舍身驾着泛水之木，去摘取蟠桃以作诱饵，远涉天涯去制服兴风作浪之巨鳌。子美为消除人间水灾，愿舍生而求大义，足见子美与民同忧之心，大济苍生之志也！"李白见杜甫静心倾听，稍作停顿，继续评道，"此诗意象阔达，气势不凡。幻想丰富，想象浪漫，颇有盛唐之文风！况此诗对仗工整，语词铿锵，实乃佳作！"

李白再读杜甫其他诗作，皆是格局正大、法度森严、庄重不苟、沉郁顿挫。李白不由由衷感叹："太白原以为大丈夫应提三尺剑，立不世功，诗文乃余事耳！今日读子美之诗，方知文章亦千秋之大事也！"

杜甫闻言，惶然起身："太白之诗石惊天破、气贯长虹，泣天地而惊鬼神！子美高山仰止！"

李白摇手笑道："子美诗力深厚，又勤奋不辍，异日必领骚诗坛！"继而又轻叹："我已志趣迁移，不日将'身在方士格'，诗文功名复有何益？"

李白、杜甫二人言诗，不觉已是正午。李白着人送来上好酒菜，与杜甫欢饮，继续畅谈。李白言及于长安之时，与贺知章、李琎、崔宗之、苏晋、张旭、焦遂、李适之，日日欢饮，恣意人生，令杜甫心思神往。李白、杜甫把酒临风，谈诗论赋，评古说今，其乐融融。只是二人皆有块垒于胸，难免发出怀才不遇之慨！日暮将别，杜甫忽道："等我片刻！"

只见杜甫手持竹笔，笔走龙蛇，纸腾烟云，已成诗一首：

二年客东都，所历厌机巧。

野人对腥膻，蔬食常不饱。

岂无青精饭，使我颜色好。
苦乏大药资，山林迹如扫。
李侯金闺彦，脱身事幽讨。
亦有梁宋游，方期拾瑶草。

李白读诗，拍案叫道：“子美既厌东都‘机巧’，又有‘方期拾瑶草’之念，来日可随我四海览胜，探幽访仙。”

二人相视良久，心中皆有不舍。无奈，杜甫接到家书，将赶回偃师为祖母书写墓铭；李白亦要前往陈留采访使、从祖李彦允汴州府上，请其荐引，由济州紫极宫道长高天师为自己授道箓，从此遁入道门，虔心行道，然后再回东鲁家中，安排家小。

二人约定秋后梁园重聚，一起游历山河，共缔华章，以待天下风云际会之时。

四·苦困京师

杜甫回乡为祖母书写墓志铭之后，返回偃师陆浑山庄，与夫人杨氏道起与李白洛阳相会之境况，唏嘘不已。最后，杜甫道："太白邀我与其同游东鲁，我已欣然应下。思来想去，为夫虽于洛阳交往皆名士，同饮有达贵，然于洛阳数载，却不得荐引入仕，空负一腔热血，满腹才华。我欲入长安，尽大唐子民本分，即便是粉身碎骨，亦无怨也！"遂略整行囊，与夫人首阳山下辞别。

杜甫惦记与李白之约，于秋日来到东鲁汶上。

李白早于杜甫至此，并于胡姬酒家大醉。朦胧之中，见杜甫前来，欢心不已。不顾酒意翻腾，扯着杜甫又是一番狂饮。随后，不顾胡姬好心劝阻，踉跄而出酒家，二人骑马并辔，前往鲁郡北郭范十庄上盘桓。李白正值酒醉，途中大意落马，恰滚于苍耳丛中。锦袍之上，皆粘着多刺苍耳，拂之不去。李白亦不他顾，衣冠不整就和杜甫一起叩开范十院门。范十见之，惊而大笑：

李白、杜甫两曜相会

“谪仙人狂放不羁，惠其心而忘其形。果如其言也！”

杜甫、李白于范十庄上盘桓数日，尽得散淡之逸、清寡之欲。二人离去之时，范十依依不舍：“太白、子美于此数日，亲如兄弟。昔日曹丕所言‘文人相轻，自古而然’，而于李、杜处非也！此必为千秋之佳话。若能为此赋诗题念，岂不妙哉？！”

杜甫深感范十之美意，遂题诗《与李十二白同寻范十隐居》：

李侯有佳句，往往似阴铿。
余亦东蒙客，怜君如弟兄。
醉眠秋共被，携手日同行。
更想幽期处，还寻北郭生。
入门高兴发，侍立小童清。
落景闻寒杵，屯云对古城。
向来吟橘颂，谁欲讨莼羹。
不愿论簪笏，悠悠沧海情。

李白待杜甫作诗已毕，略一品味，以为此诗洁净精微，冲芳潇洒，暗自叫好！从中读出赞颂范十隐居清幽、遁迹沧海之志趣，亦有杜甫以诗论诗之意，及对自己的劝诫和关切。李白不语，大笑而作诗一首——《寻鲁城北范居士失道落苍耳中见范置酒摘苍耳作》，只谈风流雅韵，不与杜甫论诗。

辞别范十，已是秋深。李白、杜甫二人知道别期将至，不免心绪萧索。穿过两峰相峙的石门，漫步秋林深处，二人就于大树之下，置上酒盏，相对而饮。

李白在即将与杜甫别去之刹那，忽然间读懂了杜甫！如同长江与黄河共鸣，如同天空与大地契合！知己是以心交流，何须更多言语？李白不由支起身来，手握竹管，揽笔而就：

我来竟何事？高卧沙丘城。
城边有古树，日夕连秋声。
鲁酒不可醉，齐歌空复情。
思君若汶水，浩荡寄南征。

杜甫入门，捧着李白诗稿，哭出沉默已久之压抑，可谓酣畅淋漓！就这样，李、杜两座文坛高峰，长江文化与黄河文化的杰出代表，似乎生活在不同世界里的人，却生活在同一个时代，在同一片土地上历经了相遇、相识、相知，和即将而至的相别！

李白待杜甫住泪，方道：“我不日欲游江南，焉能因私而不舍子美归乡？世事多艰，子美若有出世之意，焉不随我戏沧海、泛五湖？”

“天下多故，子美尚未入世，焉敢妄谈出世？”

李白闻言，无奈摇首道：“子美之志不可夺矣！我为子美写下两封荐书，若至长安，尚可讨几杯冷酒！”言毕，李白俯身写下荐书，分别致于汝阳王李琎及礼部侍郎崔国辅，并嘱托杜甫：“此二人皆与我深交，可往相投。”

二人遂于尧祠石门贺兰酒肆话别。李白久于江湖漂泊，早已习惯与亲朋好友离别分手之苦。然今日与杜甫分别，却感伤不已，杜甫更是涕泪无言。二人依依不舍，皆知天下之势，今日一别，不知何日才会相见。望着凄怆将行之杜甫，李白脱口而出：

醉别复几日，登临遍池台。
何言石门路，重有金樽开。
秋波落泗水，海色明徂徕。
飞蓬各自远，且尽手中杯。

杜甫此时唯有泪水！

从此之后，杜甫、李白天各一方，终身未得相见，然其友谊却随时间的流逝，若之美酒，愈来愈醇；又若之日月，放射着亘古不变之光芒。

杜甫此次与李白携手同游东鲁，一路所闻所见，更增添了心中忧国忧民之思。

夫人杨氏见杜甫归来，望着丈夫衣衫集尘，面目沧桑，于欢喜之中流下泪来。杜甫略有不安道："本欲早归，却不舍与李白分别。其才如日月，品行更是高洁，与其同行，如沐春风。"夫人嘘寒问暖之后，遂拿出一封书信，轻声道："数日前，家兄前来看望，言皇上为示恩德，欲于天下遴选贤能之士，并带来朝廷发往各郡的诏旨抄文。"杜甫接过抄文，急忙细看。"诏云：国之急务，莫若求才……白身人中有儒学博通及文词秀逸，或有军谋越众，或有武艺绝伦者，委所在长官，具以名荐。"见杜甫双手颤抖，激动不已，一副跃跃欲试之态，夫人轻声一叹，淡笑道："今有国家选才良机，何不趁机入长安以制举求仕，干谒求荐，以展夫君胸中抱负？"

杜甫霍然起身，慨然道："自开元二十四年洛阳科考失意，我一直耿耿于怀，未能释然。十年过去，我漫游齐赵，结交文魁豪士，已是眼界大开，胸襟大展。为夫日日思谋治国良策，夜夜忧叹黎民之艰，正为今日也！我愿以手中大笔，为大唐盛世佐佑王化，润色鸿业。"

"夫君一心苦读圣贤之书，只为承袭家风，报效社稷。我虽有不舍，焉能怀私而阻夫君前程？" 杨氏言语之中，已是潸然泪下。

恰于此时，杜甫又得知父亲杜闲将由兖州司马转任长安近地奉天为县令，更是身心俱往。遂望着妻子，激动不安道："家中于长安尚有薄产，西去长安乃我命使然。若于长安立足，必尽早接你入京。"

杜甫遂于洛阳、偃师、巩县略作盘桓，又于先祖丛冢洒酒祭祀之后，便辞别妻子。杨氏立于窑洞门口泣不成声，杜甫紧握妻子双手，怜爱不已，哽咽难语："今入长安，必得功名而返！夫人放心，不日便回！"言毕，杜甫揩泪上马，挥鞭催马西去……

离乡赴京

长安乃是历代古都，仿佛一座巨大古船栖于渭中平原。丈高城墙，宏伟壮大，巍峨雄立；城墙之下护城河，宽约数丈，清水粼粼。护城河和城墙一起，宛如红色、青色双条彩带绕着长安。

杜甫自春明门入城，游览数日，不禁对这座规模宏大、设计周详、布局井然、景色壮观的大唐帝都，发出由衷感叹："千里京畿，赫赫扬扬，辉煌壮丽！雄居中央之帝都，杜甫置身其中，渺小若尘，然杜甫满腹珠玑可比星月，赤心肝胆可比太阳！手中竹管如椽，锦绣文章足已佐佑王化，润泽鸿业！长安啊，请为杜甫打开阊阖九门，请为杜甫铺就通往金殿之彩桥！"

杜甫初至长安，情感激荡。每每游览盛处，慷慨不歇。只是回到简陋客栈之后，掩上门扉，心绪却在逐日消沉。数日里，杜甫亲眼目睹各地士子手持行卷，身后车马俱载各地宝物奇货，奔走于朱门大宅之间，以求达官贵人引荐。而自己却若蜗牛一般，困居于此，何人得知杜甫怀有惊天才华？何人又知此处浅滩尚困一条卧龙？

想起杜家故旧之人于朝中为官者已是寥寥，严挺之早已罢相归隐，岐王已经谢世；李邕落难于北海，自身难保；郑驸马一面之缘，安敢相求？杜甫托腮苦思，无助之中，忽然想起李白，想起东鲁石门与李白作别之时，李白为自己入长安写下的两封荐书。杜甫急忙自炕上翻身而起，于书囊之中，将李白荐书取出，就于灯下观看：一封荐书与汝阳王李琎，另一封荐书与礼部侍郎崔国辅。杜甫知道，二人皆是当朝识贤重才之士，遂逐一拜见。

汝阳王李琎亦知杜甫大才，然其却有苦衷。昔日，父王在世，皇上因父王乃其长兄，忠厚懦弱，礼遇尤甚。一日，皇上车驾临府，父王惶然相迎。至中堂闲话，皇上言："李琎才捷思敏，儒雅风度。弓马娴熟，文武之才！"其父王闻言，却已是战栗不已。皇上又言："李琎只好游乐，却无大志，其才已损，惜哉！"父王闻言，反倒心悬巨石落地。汝阳王李琎看在眼里，故而时时于心，以求自保。试想，皇上初居皇位之时，逼父皇，诛姑母；为固皇权，亦曾一日赐死太子，还有两位王子。亲生骨肉尚且如此，皇权岂容他人染指？汝阳王李琎父亲死后虽封“让皇帝”，礼遇甚隆，无非是皇上作幌而已。今日，若汝阳王贸然向朝廷推举贤能之士，李林甫必构陷罪名，以为汝阳王有染指江山之嫌，他必遭滔天大祸。故而，杜甫随后再访，汝阳王李琎虽心有不舍，亦以偶有小恙推辞不见。

未几，左相李适之因不愿委蛇李林甫，积久成隙，形同仇敌，而再遭李林甫构陷。杜甫若再求左相李适之荐举，无疑憨痴。

杜甫孤愤无奈，今虽于天子脚下，然君门九重，君堂万里，无人举荐，报国无门！不由愁肠百结，每每出门而去，日日垂首而归。想念妻儿，再想起妻子期盼自己功成名就之目光，杜甫不忍归家，只好浪迹长安街头。杜甫有诗《今夕行》，道其无奈，悲哉！

随后，杜甫又接连投诗于表兄礼部萧郎中、河南尹韦济等人，期冀荐举，俱是泥牛入海。所幸朝廷不久举行的制科选试即将举行，杜甫遂潜心备考。

大唐阔别已久的春闱如期于大明宫文华观举行。考场设在观内鞠场，皆以苇席隔成单个考棚。考棚内一桌、一蒲团、一碗清水。杜甫入内，研墨铺纸，心无旁骛。其于十数年中，耕读不息，亦是学问大进。虽面对冷偏至极的试题，亦是沉着应对，条理清晰。“十年磨一剑”，杜甫将一腔热血、满腹希望、半生辛酸、全家荣辱全部倾注于这数页考题之上，果是“下笔如有神”。

丞相李林甫亦是亲临考场，装模作样巡视一番。更有普天下士子期盼之皇上，由黄门内侍相引，走下辇车。随其缓步而移的黄罗盖，早将天下士子之心魔法般收服。杜甫抬眼望去，已是目中含泪……

禁卫手持兵器围于考场，吏部考官不停巡视。考场戒备森严，肃穆静寂，只有中央数面旌旗于风中猎猎作响。春闱选试，如同炼狱。杜甫搁下竹笔，精心复查。在考官收试卷的刹那，杜甫顿感几页薄纸竟如此沉重，以致无法掂起。杜甫多么想对考官再道几句，哪怕只有一句：杜甫将一生运命托付朝廷，愿为朝廷交出这颗滚烫之心！然考官面无表情，取卷而去。

当杜甫筋疲力尽走出考场之时，内心深处却如冰河乍开。杜甫相信今

拜谒遭拒

日必是一鸣惊人，心中亦不断幻想着进士及第、宴游杏林、上殿面君、荣授官职之美景，不由为自己从此抱负大展而梦游、而陶醉！杜甫庆幸自己能顺利科考，甚至无端感恩！

走出丹凤门，眼前景象却使杜甫目瞪口呆！丹凤门前空地之上，就见诸多士子捶胸顿足，呼天抢地，毁书撕画，劈琴碎器。原来这些士子皆是应“天下士有一艺者，皆得诣京师就选”之诏，前来参选的画工、乐师。不料今日春闱，竟被禁卫于春闱入口将乐器、画具悉数收去，只允许他们与各地举子同考策论、诗赋，焉能不令人愤慨？大唐吏部官员不见踪影，只有众多如狼似虎的禁卫挥鞭驱赶瘦弱的士子们。杜甫仰望灰暗天空，一声太息！

杜甫于家等待佳音，旬日不出，然竟无半点科考消息传来。杜甫已是坐卧不宁，如坐针毡。游春佳节来临，春日丽景徒添心头忧烦。杜甫暗自叹道：“饱读诗书皆为今日！‘奉儒守官’唯此一途！”

正在叹息不安之中，就听柴扉声响，来者竟是故友郑虔！杜甫忙不迭地起身相迎。“老画师至矣！若似春风送暖。”急忙接过郑虔肩上酒囊，搀扶郑虔坐定，方探身询道：“制科选试可有消息？”

郑虔苦笑：“恐永无消息。”

杜甫闻言心紧：“莫非子美落榜？”

“非也！”郑虔正色道，“若有一人及第，必是子美。”

杜甫已是心中迷惑，见老画师不愿多言，便岔开话题：“多日不见老画师，今日不醉不归。”

郑虔闻杜甫言酒，面有喜色：“今日老夫前来，专为子美疗疾。”

杜甫更是疑惑。

“子美有疾。”郑虔断然道，“子美自幼攻读诗书，诗文工厚；又漫游吴越、齐赵十年，历经磨难。困守京师三年，遍尝悲辛。然貌似谦卑、庄重，实乃狂傲、骚动，无一时不思时来运转，飞黄腾达，甚至骤至卿相，面君而谈王霸方略。”

杜甫闻言，惊道：“老画师言若刀锋，令子美不安。然子美以为，我入长安以求天下大道，辅国安民，复古风，振朝纲，使四海鸣琴而治，万民鼓腹而歌。绝非以求个人富贵、个人声名耳！”

“老夫知子美以‘致君尧舜上，再使风俗淳’立志，而今，君已不是尧舜，而是耽于淫乐、不理朝政之昏君；奸相弄权，顺我者昌，逆我者亡，以致天下小人当道，君子远遁。”郑虔哂笑，“譬如，今岁制科选试，亦由权奸、小人操弄，即是侥幸备选，何乐之有？而子美却耿耿于怀，老夫以为不妥。”

“子美报国之心太切，还望老画师指点。”

在二人把话之中，杜甫已将简单酒菜呈上。郑虔故意不接杜甫话题，自顾饮酒不语。片刻之后，杜甫坐下，亦静下心来。郑虔反倒停杯，望着杜甫道：“老夫已思谋良久，欲为子美谋‘斜封官’。”

杜甫淡笑：“不知何谓‘斜封官’？”

“昔日安乐公主深受中宗皇帝厚爱，常缠着父皇闭上眼睛与其捉迷藏，借机偷盖玉玺。安乐公主制好诏书，斜封着交予中书省，再由中书省转交吏部，任命自己欲封官之人。因此类诏书斜封，故此等官员被称为‘斜封官’。”

“何以得取此官？”

“无非多花银两，打点疏通权贵而已。”郑虔故作平静道，“我知子美清贫，老夫尚有些积蓄。”

杜甫闻言大笑：“老画师戏我！子美自幼尊儒守道，宁可终身布衣，穷困潦倒，断不做如此不耻之事！”

“如此，子美病从何起？”郑虔故作悬疑道，“子美日日忧心不已，憔悴无色，令人堪忧。”

杜甫闻言，急忙接道：“老画师可有药方？”

郑虔故作深沉道：“药方已有。”顺手拿过笔墨写下，递与杜甫。杜甫展开看去，却是“五谷杂粮三斤，青头顺气萝卜五斤，麻油二两”。郑虔又道："老夫已将此药带来。"

杜甫看完，已是喷饭大笑。

郑虔低头呷酒，不经意中，两行浊泪悄悄滑落……

未几，老画师之良苦用心便为杜甫所知。原来，郑虔已知此次招贤考试竟是旷古未有之骗局！

吏部侍郎携朝廷众儒于国子监阅卷之时，郑虔亦在其中。正当众儒为今岁士子文章诗赋赞叹之时，监察御史吉温亲率禁卫进入国子监，当众宣言："试题泄密，所有试卷一律作废。"并要"众官回避"。遂着禁卫驱散众儒，并将全部考生试卷集中一起，投入院中火堆焚毁。望着凝结着无数士子心血之作转眼之间化作烟埃、灰尘，众儒虽痛彻心扉，却敢怒不敢言，只有捶胸顿足，放声痛哭。此等结果皆因李林甫残害名士、驱逐贤能，唯恐天下士子鸣冤所致。

李林甫以"举人多卑贱愚聩，恐有俚言污浊圣听"之语，命心腹爪牙将全部试卷焚毁之后，又上奏玄宗："自皇上登基以来，任人唯贤，天下贤才若百川归海，恐无遗漏。"随后，李林甫又罗织数人，接连献上贺表："吾皇恩制四方，九土昭洗，物尽其用，人尽其才，以致朝无庸官，野无遗贤。今岁制举竟无出类拔萃者也！此必为千秋美谈也。吾皇万岁，万万岁！"

唐玄宗此时亦是骄逸无度、昏庸已极，竟接受贺表，厚赐李林甫。"丞相之能，在于治理政事。推行政事第一要务，乃是为国选才，知人善任！今天下归心，野无遗贤，皆宰相之功，特加开府仪同三司，再赐万缗。"诏书降下，举国哗然！

然丞相李林甫甚为得意，竟接连上表，恭贺"野无遗贤"！然皇上以为丞相英明，以为天下俊才遴选已尽！以为有此"圣贤"执政，大唐花团锦簇之江山必圣寿千年！于是，君臣互贺，普天同庆！

天下士子哭天不应，纷纷血泪化作一场连绵不尽之霪雨，数十天于长安不去！使长安陷于一片汪洋之中……

天宝八年秋，杜甫离开梦魇般的长安返回洛阳。于洛阳故里散淡度日，以待来年春天。

春天转眼即至。三月，杜甫忽接奉天来书，言父病危。杜甫捧信，号啕大哭，将家中事宜略作安顿，便携妻将雏赶赴奉天。至奉天之时，其父已下葬于梁山脚下，空余白云绕山。一家人于奉天守孝期满，方满怀悲酸，再入长安。

天宝九年，生活在长安白色恐怖之下的人们，又听见玄宗于皇宫深处发出的梦呓："普天大治，百姓安乐。次年正月，于长安南郊行朝献太清宫、朝享太庙及合祭天地之大典，以谢天地隆恩！"诏书传出，举国震动。杜甫闻之，亦竟为皇上梦呓而动心：皇上此举，旨在告于天地、祖先，其欲励精图治、存恤爱民。莫非皇上幡然醒悟？

驸马张垍虽品行不端，却是一个满腹锦绣之人。他亦赏识杜甫才华，力促杜甫借此良机献赋，以得皇上赏识。杜甫在黑暗中太久，一道亮光乍现，足以使其目眩。但杜甫哪知来历？

原来，皇上巡幸华清宫时，有太白山人王玄翼上书，言其见到上天玄元皇帝，并言宝仙洞有妙宝真符降临。其时，玄宗崇信道教，慕求长生，闻听此说，欢喜不已。乃派刑部尚书张均前去宝仙洞迎接真符。张均乃驸马张垍之兄，果于洞中取得妙宝真符！此彻头彻尾之骗局，若数年前老子真像显于终南山一样。然天下官员皆纷纷上表，以为祥瑞！皇上大悦，感恩天地、先祖，遂欲于次年正月，于长安南郊进行三大祭祀。

古之君王祭祀，乃天下要事。“天子大社，必受霜露风雨，以达天地之气也。”祭祀既有皇帝对天地、先祖之敬重，亦有对天下太平之祈祷。黎民称颂皇帝祭祀，乃有期盼皇上施行仁政之念；更是幻想通过皇上祭祀，能为民祈福，天下太平。再加之驸马张垍热捧，杜甫揽笔而就，遂成《朝献太清宫赋》《朝享太庙赋》《有事于南郊赋》。太清宫乃老子庙，太庙乃李家王朝祖庙，南郊赋乃天地祭文。三篇赋文倾注着杜甫平生才学，亦倾注着杜甫忠君之思。杜甫不是不能像李白、孔巢父一样，恣意山林，闲逸度日，而是杜甫不愿意，他要以满腹才志为国为民，至死不渝！

杜甫三大礼赋为驸马张垍所见，以为传世妙文。然其心中存忌，不敢直接上奏皇上，乃使杜甫再投于含元殿前之延恩柜中。延恩柜乃武后时所设，专门收集各地士子言论及赋颂之文，因有匡正补过、益于政理之功，而受后人赞颂。玄宗即位之初，虚心纳谏，特设献纳使看管延恩柜，以便及时掌握各地民生民情。时过境迁，如今，延恩柜已成宫中摆设。杜甫献上三大礼赋之后，唐玄宗暗得驸马张垍之言，展阅杜甫三大礼赋，深为所动，以之为绝世妙赋，可与左思《三都赋》媲美！遂诏杜甫至集贤院内，以待丞相再试其诗文。于宫中集贤院内，诸学士争睹杜甫风采，皆为其诗文所叹服。集贤院众儒皆以为“甫乃文章魁首”，杜甫之才名，一夜传遍京城。

杜甫于黑暗之中压抑数十年，今日之荣耀来得如此灿烂，令人目眩。然杜甫于抑郁孤愤之中高亢一声之后，无奈与辛酸便又涌上心头。皇上“以待丞相再试其诗文”之语，将杜甫召至集贤院，分明又将杜甫置于尴尬之境。此时，大唐丞相依然是李林甫，其嫉贤妒能、排除异己，致使朝廷危机四伏；其妄开边事、加重赋税致使黎民苦不堪言；其掀起“罗钳吉网”之祸，致使多少无辜官员名士，家破人亡；其阴谋“野无遗贤”之骗局，致使多少大唐才俊士子，仕途路绝……

杜甫多么渴望乘着“三大礼赋”之春风，舒展心中凤凰之翼，然天下士子必将杜甫视为他类！因为，此时任何一个有良知的文人，决不愿因受李林甫之赏识，而“朝为田舍郎，暮登天子堂”。杜甫内心矛盾纠结，难以排遣，暗叹自己命运竟如此坎坷无端！

未几，丞相李林甫一命呜呼。杨国忠继任为相。

为结私党，杨国忠将李林甫生前构陷的大批冤案一一昭雪，竟暂得“能相”之名。随后，杨国忠又将李林甫生前罪状罗列数十款，款款皆是死罪。尤其是安禄山状告李林甫与吐蕃大将阿布思勾连，“存谋逆之心，行篡位之事”，令唐玄宗大为震怒。玄宗遂下旨查抄李家，褫去李林甫生前所有封号，掘其尸骨，去其口含，抛于荒野。其子婿皆被流放荒蛮野岭之地，且不得特赦。唯李林甫之女李腾空因遁入道门而幸免。

如此，朝廷政权更迭，杜甫于集贤院数月而不得丞相来测试文章。待杨国忠相位已固，朝廷便将移官换职、选官补缺之事闹得紧张热烈，人心惶惶。杜甫于集贤院苦等已久，甚至，其暗地早将策论应对罗列数十，等待宰相测试。

未几，杜甫果得集贤院直学士、李白故友崔国辅引导，前往大明宫中书堂受左相陈希烈测试文章。陈希烈所列测试题目多是赋赞诗文、崇玄论道，杜甫自然应对如流。然杜甫愈是答题从容，陈希烈愈是不肯罢休，让众考官接连给出冷偏艰涩的试题，直欲将杜甫难倒方休！若非崔国辅解围，杜甫在众多吏部考官逼问之下，非累倒不可。最后，陈希烈道：“杜甫乃奇才也！诗赋皆佳，才思敏捷，可送隶有司，参列选序。”

杜甫如同梦游一般走出大明宫中书堂，正值阳光烈烈，秋风爽利，不由心中一振：“莫非甫从此已入九重君门？”

崔国辅却长叹一声：“未必。尚得朝廷‘三注三唱’。”

见杜甫疑惑，崔国辅解释道：“昔宰相选官，先集中笔试，观其书判，以试而选，以选而注。再着吏部官员审查之后，再上门下省，给事中读之，黄门侍郎省之，侍中审之，方于拟就任职。如此下来，快则半载，慢则无期也！”

■ 集贤院众士子

杜甫闻言，顿坠冰窟。崔国辅又道：“闻新相除旧布新，欲速整吏治，一日加官数十人，舆论哗然。”

杜甫惊愕：“若此任官，何辨良莠？”

崔国辅苦笑：“闻文部（即吏部）选人，无问贤肖，资深者留之，以资据缺注官。”

杜甫顿足：“自古选才唯贤而举，岂能不辨忠奸贤愚，论资排辈？如此不问贤肖，必遗恨千古矣！”

崔国辅却不以为然，面带不屑：“杨国忠何许人也？昔日游手好闲、嗜赌好酒之徒，胸无点墨，腹无寸文，却因裙带舞风而居高位，焉能思贤若渴，以天下为己任？昔太白远遁山林亦不愿与蝇营狗苟之徒为伍，实乃士子楷模也！”

杜甫已是欲泪无语，只能无力低叹：“欲用才，必有爱才识才之人；欲致贤，必有思贤若渴之君。”

“今日长安鸡聚族以争食，凤孤飞而无邻；朝廷之上更是鱼目混珠，奸恶者居高位，高尚者遭贬斥。”崔国辅感慨道，“老夫已是心冷，不日亦追随太白，归隐江海，行吟草泽。”崔国辅曾任吏部侍郎，昔日于浐水之上着锦半臂，唱《得宝歌》，歌喉嘹亮，响遏行云，何等风光！而今，屡遭朝廷贬斥，于集贤院忧烦度日。

“水流千转归大海。读书之道，在于报效社稷，造福黎民。若儒者皆与白鸥为伍，奈天下苍生何？”见崔国辅哂笑，杜甫又道，“即使为官无望，亦可承继祖业，以诗文教化世人。”言至此处，杜甫已是潸然泪下……

杜甫昏昏然随着直学士崔国辅回至集贤院。集贤院主事接到朝廷发来杜甫“参列选序”的诏书，加之皇上又取消祭祀圣典，只好先遣杜甫回家。

杜甫接旨，欲哭无泪。怏怏回至城西家中，未几卧病。恍惚之中，感觉自己和整个大唐一起浸淫在绵绵秋雨之中，像一片秋叶在霪雨中腐朽和糜烂！杜甫于病中发出无助呻吟：“草木尚有阳光雨露之滋，山川尚有四季时序梳理，唯子美和大唐黎民于混沌广宇之中，因乾坤倒置而茫茫不知何所也！”

其后杜甫于成都之时，有诗《投简咸华两县诸子》，尽道其此时于长安苦寒凄惨之状：

赤县官曹拥才杰，软裘快马当冰雪。
长安苦寒谁独悲，杜陵野老骨欲折。

五·情系黎民

长安水灾过去未几，一日，杜甫正于院落收拾草药，就听柴扉声响，有人自其身后叫道：“子美别来无恙？达夫回京述职，特来探望。”杜甫闻声转身，一把将高适扯住，上下打量，欢喜不迭。见高适戎装未卸，愈发英武，不由叹道：“何日得良机，千里赴关山？”

“天宝八载，蒙宋州刺史张大人荐举，得中有道科，授封丘尉。于任上，方知此官竟是为朝廷巧取豪夺、鱼肉百姓、绑缚征夫、逢迎上僚之差事，岂是愚兄所为？遂辞去封丘尉。蒙哥舒翰大帅幕府参谋田梁丘举荐，旋任大帅帐下掌书记。”

“兄长颇有气骨！”杜甫面含敬重之色，“昔读达夫之诗 《封丘作》，以为此乃达夫肺腑之言！此诗对仗工整，造语挺拔，气势充沛，情感激烈，实乃不可多得之好诗也！”

高适摇头苦笑，不愿提起旧事，遂岔开话题道：“不知子美于京师可

高适来访

好？”

杜甫放下手中活计，借高适昔日诗作应道：“六翮飘飖私自怜，一离京洛十余年。丈夫贫贱应未足，今日相逢无酒钱。”见高适叹息不语，杜甫又转话题道：“兄长今于边关，必风景独好！”

“凄风冷月残照，刀戈剑戟相闻。”高适苦笑，“关山何好之有？我亲临其境，战场惨烈之状，至今不堪回首。”

“世事在于道义公理！其中道义自明！”闻高适之言，杜甫眼前顿现血流成河、白骨如山、凄雨腥风、秃鹫盘旋之状，已是涕泪长流，“泱泱天朝何以渐入泥沼，愈陷愈深……”

二人愈谈愈深，不觉已近午时。高适望天，猛然想起来意，“只顾倾心中块垒，却忘记来此何事。”遂扯起杜甫，“今有大唐名士薛据、储光义、岑参正于慈恩寺大雁塔等待你我，欲同登大雁塔，登高望远，即兴抒怀。”

闻听此事，杜甫精神一振，面带喜色：“亦多日不见岑参，心有挂念。”遂略正衣衫，与高适相携，前往慈恩寺。

二人于慈恩寺山门下马，早见岑参、薛据、储光义引颈相望。诸人相见，互道契阔之情。尤是岑参，见到杜甫，更是激动不已：“子美赋文华美，豪宕飘逸，奋迅洒脱，人莫及也！要不了多久，必得青紫！”

“求食之作，惭愧于心。参军厚爱余文，感恩满怀。”杜甫笑道，“数日前，高仙芝将军凯旋，入兴庆宫接受皇上封赐，旌旗猎猎，鼓声阵阵，何等壮观，何等荣耀！尤其是高将军胯下那匹能征惯战、矫如游龙之青骢马，实乃罕见！参军为人严正，文韬武略，必为高将军麾下之青骢马也！”

“青骢马乃汗血宝驹！跋山涉水如履平地，纵横万里如风似电！若无此马，何来战功？”岑参接话，亦赞道，“连皇上亦喜此马，封此马享五品之俸，养于后宫。高将军此行入宫，欲借机献上此马。”

“五品之俸！”杜甫闻听，目瞪口呆！

高适却不在意，漫不经心插言：“若此，必老死于户牖之下矣！”

岑参不知此言已刺中杜甫内心痛处，又道：“子美自幼喜欢骏马，赋诗一首，若何？”

杜甫心潮起伏难平，一边随诸人登高，一边吟出《高都护骢马行》。

岑参闻诗，略一品味，已知诗中之意，口中复诵“青丝络头为君老，何由却出横门道”，心中荡起一丝苦涩……

杜甫与岑参只顾把话，早已落于高适、薛据、储光义身后，不由加快脚步。

诸人登上大雁塔，鱼贯穿过拱券门洞，凭栏远眺：骊山叠翠，山峦相连，宛如波涛；曲江多姿，池水荡漾，恰似明镜；五陵原上，松柏苍莽；笔直驰道，奔向远方……

岑参抑不住心中激动，率先放声而咏：

塔势如涌出，孤高耸天宫。
登临出世界，磴道盘虚空。

岑参咏毕，诸人皆以为妙。监察御史储光义道：“于此秋高之时，登临送目，焉能不赋诗？”众人附和，皆以《同诸公登慈恩寺塔》为题。接下来，高适、薛据、储光义相继赋颂。杜甫待诸人诵毕，方揽笔而起，一气呵成：

高标跨苍穹，烈风无时休。
自非旷士怀，登兹翻百忧。
方知象教力，足可追冥搜。
仰穿龙蛇窟，始出枝撑幽。
七星在北户，河汉声西流。
羲和鞭白日，少昊行清秋。
秦山忽破碎，泾渭不可求。

俯视但一气，焉能辨皇州。
回首叫虞舜，苍梧云正愁。
惜哉瑶池饮，日晏昆仑丘。
黄鹄去不息，哀鸣何所投。
君看随阳雁，各有稻粱谋。

诸人读毕，皆默然不语。诗中所见，储光义与岑参之诗皆以寺塔浮屠与景物交融，衬托佛法教义高深、法力广大，对大灾之后的长安、危机四伏的王朝，尚未挂怀；高适诗颂浮屠之时，不忘表其为国效力之心，然诗中多是小我，关心与喟叹自己的前途与命运。唯杜甫之诗，若之高标，站在迥然峰挺之高度，于七级浮屠之上，苍茫景色之中，看到“苍梧云正愁”之天下危机四伏，喟叹自己无神仙倒移之术“回首叫虞舜”，以拯天下黎民于苦难！杜甫忧国忧民之圣贤之心，何等博大、何等灿烂！

杜甫之诗触动了诸位的儒士情怀，登楼之雅兴顷刻之间化为天下之忧，众人皆愁肠百结，难以释怀……

大唐此时以杨国忠为相。杨国忠治政，奸诈不及李林甫，然其颐指气使、营私舞弊、挥霍无度、横征暴敛却比李林甫有过之而无不及！朝政乌烟瘴气，黎民苦不堪言。边塞节度使蠢蠢欲动，大唐边庭烽烟四起。唐玄宗却于深宫之中，怀拥绝世美人，沉溺于美轮美奂之《霓裳羽衣曲》中，高居无为，尽情享乐。为掩天下对朝政的非议，转移黎民视线，杨国忠更是穷兵黩武，妄开战事。大唐四处用兵，战火燃遍万里边疆，江山社稷已处于风雨飘摇之中……

翌日，杜甫辞别众友，徒步回家。路过金光门时，就见尘埃蔽日，车马喧阗，人山人海里夹杂着悲怆凄惨之哭号，使杜甫惊心止步。原来是朝廷点兵在即，各畿道新征役夫于此集结，再由军队押送，开赴边塞。杜甫望着一队队披枷带锁的征夫，一个个蓬头垢面，嘴唇干裂，尘埃满身，衣衫褴褛，目光之中皆透着木然、悲戚、怨恨之色，不免一阵心酸。

几声震天鼓响，兵车隆隆启动。就在此时，队伍之中发出凄怆之声“娘！娘！娘！”，呼声撕心裂肺，摄人心魄，激荡灞河，刺破天宇！杜甫脚步踉跄，不由随着送行的征夫亲人队伍，向前涌去。

年迈父母、年轻妻子、幼小儿女皆随着征夫同行。他们相对而哭、搓手顿足、扯襟回拽……亲情亦被撕裂！杜甫与征夫同行，不时揩泪，亦不时与擦身而过的征夫言语，安慰征夫。当征夫队伍为官军押着走上虹桥、与送行亲人相别之时，杜甫涕泪长流，不忍视听！

杜甫踉跄回至家中，眼前不断闪现着长安南北灞河桥、咸阳桥上，一队队兵士开赴边疆战场之惨烈景象：兵车隆隆，战马嘶鸣，一队队连枷而至的黎民百姓换上戎装，佩戴弓箭，于官吏鞭斥之下，开赴远方战场。征夫的亲人们牵衣相送，母送子、妻送夫，捶胸顿足，哀号震天。车马大军行进，扬起漫天尘埃，掩没咸阳大桥；生死离别，千万人之哭声回荡云霄，久久不绝……杜甫不由悲愤难遏，仰天长吟，以生命为赌注，俯首写下千古之作《兵车行》：

车辚辚，马萧萧，行人弓箭各在腰。
爷娘妻子走相送，尘埃不见咸阳桥。
牵衣顿足拦道哭，哭声直上干云霄。
道旁过者问行人，行人但云点行频。
或从十五北防河，便至四十西营田。
去时里正与裹头，归来头白还戍边。
边庭流血成海水，武皇开边意未已。
君不闻汉家山东二百州，千村万落生荆杞。
纵有健妇把锄犁，禾生陇亩无东西。
况复秦兵耐苦战，被驱不异犬与鸡。

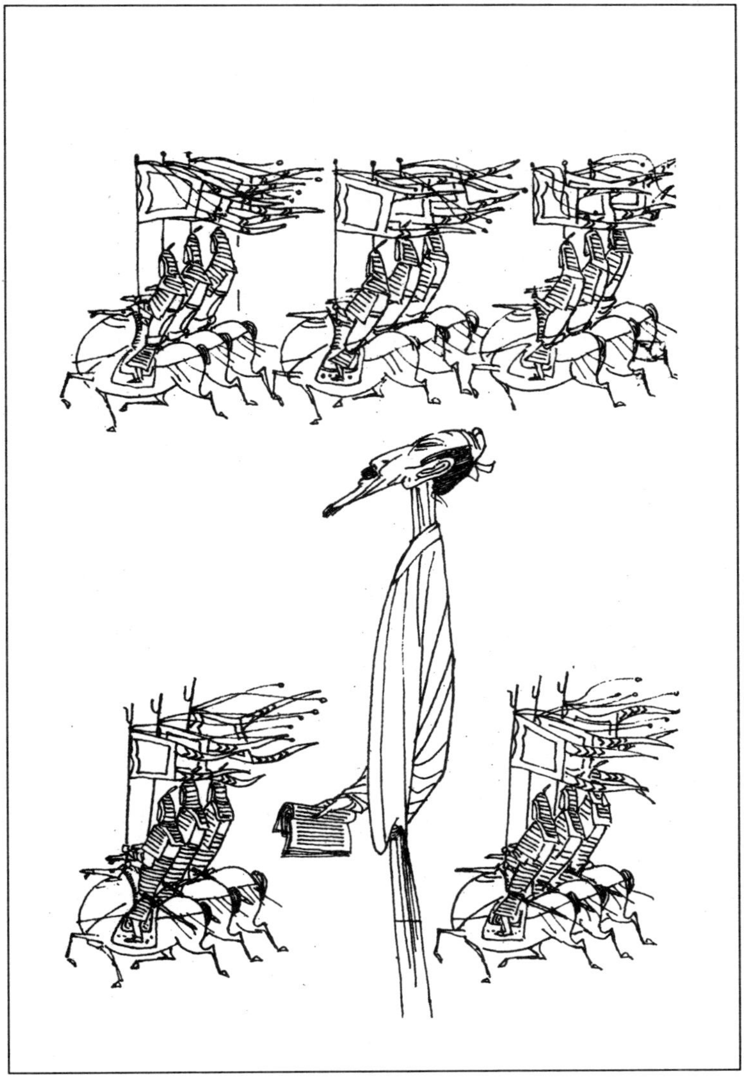

■ 慷慨悲歌

长者虽有问，役夫敢申恨？
且如今年冬，未休关西卒。
县官急索租，租税从何出？
信知生男恶，反是生女好。
生女犹得嫁比邻，生男埋没随百草。
君不见，青海头，古来白骨无人收。
新鬼烦冤旧鬼哭，天阴雨湿声啾啾！

杜甫假托与征夫问答，感于哀乐，缘事而发，以重墨铺染之雄浑手法，如风至潮来，突兀展现出巨幅撼人心魄之征夫送别画卷。此诗激情哀怨，声情并茂；抑扬起伏，大气磅礴！实乃千古反战之佳作！以此诗为标志，杜甫已将个人不幸与普天下黎民苦难融为一体。杜甫已不再仅仅为个人啼饥号寒，也不再以儒士自居，给予黎民居高临下之怜悯！其激切奔越、浓郁深沉之感已与黎民相贯通，其焦虑不安、忧心如焚之身影，已融入黎民之中！

六·痛失幼子

天宝年间，长安药市发达。朝廷设有太医署，由太医令、太医丞统领，荟萃数百医术名家，再收生徒数千。其中，日本、新罗等国的留学生数百，分业教习，开科行医。各府、州再设医学部、药学部，亦由太医署管辖。民间设有药行及饮子药家，寺、观亦有高僧、道长行医治病。只是，天宝年间祸乱渐起，民不聊生，药物价格昂贵，患病百姓一般不敢问津。

杜甫一大早就骑驴至长安东市，将药袋卸下，于一偏僻处摊开黄芪、甘草、苦参、当归、柴胡、川芎、玄参、地黄、紫苏、丹参、黄芩、桔梗、苍术、知母、半夏、芫花、栀子等数十种药材，颜色相间，灿烂一片。药摊儿醒目处斜竖一块木牌，上书“悬壶济世”四字，字体瘦硬通神。杜甫坐下身来，随手自药袋拿出一卷古书，埋头默读，一副漠然神态。药市郎中及药商陆陆续续各自铺开药摊儿，长安东市随着太阳不断升高而逐渐热闹起来。吆喝声、叫卖声夹杂着驴嘶马鸣，夹杂着商曲胡琴，使东市显得

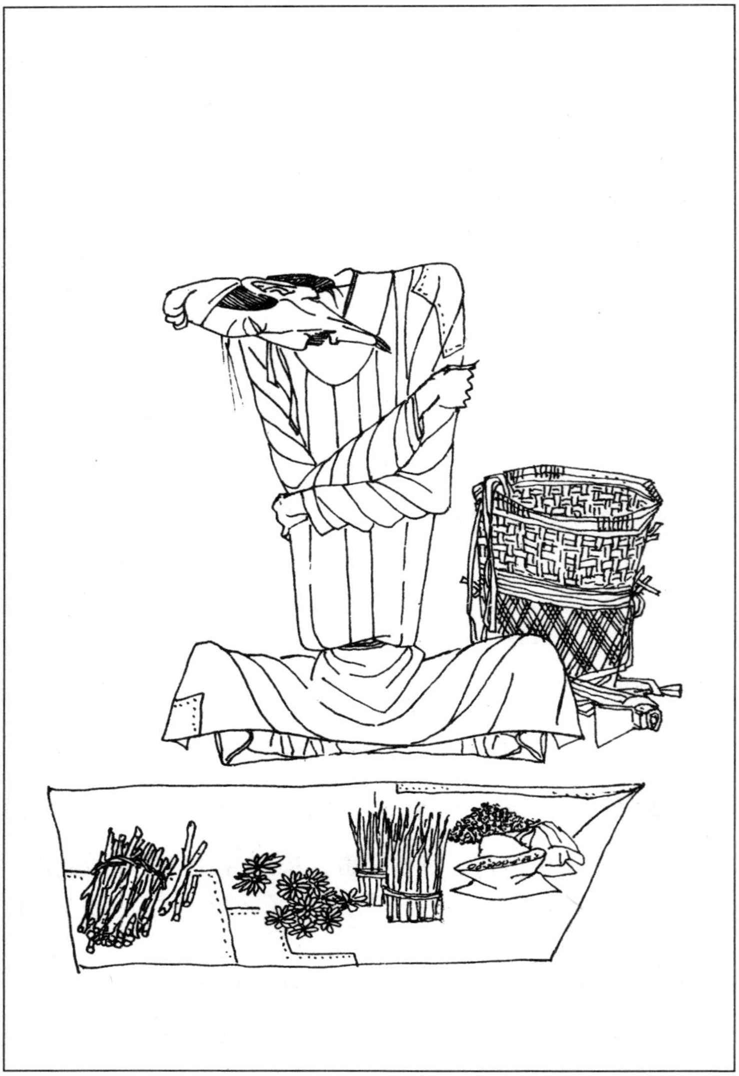

■ 卖药谋生

熙熙攘攘，充满铜臭之气。

忽然，药市前面人头攒动，有人扯着嗓子大叫：“太医署买药！太医署买药！”杜甫身边摆着药摊儿的郎中纷纷起身，匆忙收摊。见杜甫吃惊不动，临摊儿王郎中急道：“杜郎中忍心贱卖这些上好药材？”

杜甫收起书卷，面带惊诧：“太医署买药，与我等何干？”

王郎中顿足苦笑：“杜君来此卖药未几，有所不知：太医署医官看上的好药，打发一点儿碎钱就顺手拿走，无异劫掠！快些收拾，到偏僻处等待。等太医署医官过去，再摆药摊儿不迟。”

杜甫无奈，急忙收起药摊儿，牵驴歇于东市拐角处；数个郎中手足不敏，未待收起药摊儿，便被一群杂役哄抢得精光。杜甫无奈摇首，只好牵驴穿过拥挤的街口，返回家中。

近日，适逢长安秋雨连绵，四处汪洋，关内粮食颗粒无收。杜甫坐在风雨飘摇的屋内，怅望苍天。在风雨之中，他想起水中黎民，想起未收割的庄稼、失散的牛羊……竟而病卧不起。然家中早已无米可炊，甚至，妻子竟以春天所采草药根茎为食，勉强维持生活。杜甫不敢卧病，无奈之余踉跄起身，踩着长安泥泞，于寒风之中思摸良久，长叹一声，便向城西南从侄杜济家走去。

杜济远见长辈寻来，躲闪不及，只好留杜甫于家中共食。杜济面带不悦之色，手持水桶打水淘米之时，故作忤意，将井水用力搅浑。杜甫含泪用餐后，哭泣而去。一路之上，想起昔日管仲与鲍叔牙之旧事，不由感叹交道浅薄，人情反复，人心不古，世态炎凉，而悲沁骨髓，呜咽而歌《贫交行》。

杜甫慨然返回城内，途经曲江，望着万物萧条，菱荷枯折，白石素沙，耳闻孤鸿哀鸣，不由发出孤独不遇之慨！再望着曲江池边达官贵人的奢华宅邸，将人之富贵豪华与己之心灰意冷两相对比，不由长歌当哭。杜甫一时感慨，真想归隐山林，以度余生。回至家中，他借着如豆灯火，写下了《曲江三章章五句》：

曲江萧条秋气高，菱荷枯折随风涛，游子空嗟垂二毛。白石素沙亦相荡，哀鸿独叫求其曹。

即事非今亦非古，长歌激越梢林莽，比屋豪华固难数。吾人甘作心似灰，弟侄何伤泪如雨。

自断此生休问天，杜曲幸有桑麻田，故将移住南山边。短衣匹马随李广，看射猛虎终残年。

以似旷达之语而述自伤不遇、郁郁不平之意。“先言鸿求曹，以起次章弟侄之伤，次言心似灰，以起末章南山之隐。三章气脉相属，总以九回之苦心，发清商之怨调。”《曲江》三章，塌翼惊呼，忽邀天际。可谓《国风》之后，又续《国风》。

见杜甫空手而归，妻子杨氏亦无奈向隅而泣。夫妻一夜难眠，筹划生计。百般无奈，只好决定离开长安，投奔妻舅奉先令处。幸得妻舅尚不见嫌，将杜甫一家安置于县廨暂居，并给予多方照顾。杜甫心中记挂“参列选序”之事，于奉先稍事安顿，便再入长安，等待朝廷吏部消息。

春天终于来临，长安四处飞花。正值踏青丽日，杜甫虽是愁闷塞胸，却无法拒绝满城飞花。随着大唐春天的脚步，杜甫与赞公相携，游览曲江池畔，忽听远处传来鼓乐喧阗之声。闻声望去，就见曲江堤上，彩旗招摇，乐声四起。数队内侍、宫女身着五彩衣裳，于前面引领；数百兵士盔甲明亮，枪戟如林，殿后簇拥。旌旗猎猎，遮天蔽日。车队之中，九辆彩车华盖如云，云锦彩带缭绕；数面斗大的“杨”字纛旗，如搅动的曲江池水。正中三辆大车镶着金屑银钿，彩凤翡翠；飘着丹香陈桂，凤鸣竹笙。宝车之前，簇着一人：身骑汗血宝马，手持珊瑚玉鞭，人影耸动，欲与丽日争辉；趾高气扬，神情顾盼自雄。正是奸相杨国忠！杜甫再看，车队前面百姓皆如遇虎狼，纷纷惶然而避；车队后面百姓皆如蝼蚁，挤挤攘攘，追尘莫及……

赞公见杜甫望得痴呆，不由长叹一声：“此乃杨府游春。闻杨家生女，貌美如花。初配寿王李瑁，再适君王。今日皇上集后宫三千宠爱于其一身，对其宠幸无比。爱屋及乌，皇上又封贵妃的三个姊姊为韩国、虢国、秦国夫人，对她们亦是宠爱有加。故有民谚：生女莫愁，生男莫喜。”

杜甫无奈叹道：“长安饥荒未去，却有如此奢华之举，焉不天沸人怨？”

“何谓奢华？长安皆知杨家九宅巍峨壮观，富丽堂皇，堪比皇宫。宅邸之中，绣工数百，杂役千人。杨家主人日常器用，皆为金镶玉嵌，用食皆为凤髓龙肝，一餐用度可抵去百户产业。如此奢华无度，暴殄天物，大唐盛世焉能永寿昌期？”赞公身为出家人，亦止不住满腔愤慨。“杨国忠尤是鲜廉寡耻，与其堂妹于长安往来无期，并驾而行。不施帷幔，调笑无形，路人皆为之掩目。今集天下之财而为己所用，如此荒淫无度，奢华糜烂，久之，必为天下独夫也！”

杜甫闻言，心绪难平，欲哭无泪，不禁仰天长叹！望着若烟花彩虹般的迤逦车队，他悲伤惆怅，低吟《丽人行》：

三月三日天气新，长安水边多丽人。
态浓意远淑且真，肌理细腻骨肉匀。
绣罗衣裳照暮春，蹙金孔雀银麒麟。
头上何所有？翠微㔩叶垂鬓唇。
背后何所见？珠压腰衱稳称身。
就中云幕椒房亲，赐名大国虢与秦。
紫驼之峰出翠釜，水精之盘行素鳞。
犀箸厌饫久未下，鸾刀缕切空纷纶。
黄门飞鞚不动尘，御厨络绎送八珍。
箫鼓哀吟感鬼神，宾从杂遝实要津。

后来鞍马何逡巡，当轩下马入锦茵。

杨花雪落覆白蘋，青鸟飞去衔红巾。

炙手可热势绝伦，慎莫近前丞相嗔！

诗言曲江池边游春美人，以“浓、远、淑、真”四字写出美人之丰姿神韵，又以工笔重彩描出佳丽之艳装丽服。由其体貌服饰转写到绝佳美食与仪仗车马；再由杨氏三夫人转写丞相杨国忠之荒淫无耻、挥霍无度。全诗语义诙谐，暗含讽刺。

赞公闻诗，惊道：“子美此诗辛辣至极，竟有如此胆识！不怕气焰炙天之匹夫？”

杜甫凛然不惧：“祸国殃民之贼子，以诗记之，昭于后世。”

杜甫吟诗已毕，忽然想起“先生有道出羲皇，先生有才过屈宋”之郑虔，不知其于京师饥荒之中，可否果腹？念及此处，两行苍玉般的泪珠不由潸然而下……

数月过去，杜甫十年等待终于有了消息。那是一个秋天的早晨，衣衫单薄的杜甫蹚过长安浓雾，再次来到位于大明宫西侧的哥舒翰府上。哥舒翰于帅榻之上，手持杜甫所作《投赠哥舒开府翰二十韵》，拈须笑道：“子美抬爱老夫！若老夫不朽，盖因此诗也！”

“大帅开边乃圣上旨意。然老帅虽负文武之能，却抱病数年不征，足见大帅仁爱之心。” 杜甫俯身行大礼毕，起身又道：“于高达夫处曾偶读大帅所作《破阵乐》六言诗，有‘一喝尽属唐国，将知应合天心’之语，以为大帅忠心赤胆，乃当今大唐柱石。”

闻听此言，哥舒翰一声长叹，目中隐有泪花。“不想普天之下竟有一人懂我爱惜将士及忠君之心，老夫之幸也！”哥舒翰不由手抚杜甫，再叹道，“子美可知老夫之病从何而来？”

不待杜甫接话，哥舒翰接着道："数年前，我领旨率十万大军千里西征石堡城，与吐蕃大军苦战月余，将士死伤数万，方夺回险要。凯旋京师之后，老夫虽得厚赐，却夜不成寐。闭上眼睛，脑海里就浮现出将士血流成河、白骨成山之状。朝廷知老夫熟知兵法韬略，屡屡委派老夫为帅，征讨四夷。老夫却私下以为治国以德，绝非武力，故而托病不出。"

杜甫闻言，满面敬重之色："今知大帅昔日何以跪地衔衣、叩首流血丹墀为王忠嗣将军脱罪矣！大帅有此仁心，乃大唐之福也！"

"焉知祸福？"不想哥舒翰却陡然话锋一转，"大战在即，老夫恐难托病矣！"见杜甫愕然，哥舒翰又道："今春安禄山献马未果，却已惊动丞相、太子。月余前，京兆法曹受高力士之命，提审去岁前去范阳巡边的钦差辅璆琳，辅璆琳果然受安贼厚贿，隐而不报实情。朝廷再派使臣给事中裴士淹前至范阳宣慰，险些无回矣！安贼手持重兵，皆大唐精锐之师。不日前，其奏请朝廷，言其麾下将领皆由胡人担当。皇上不顾丞相、太子反对，竟以准奏。丞相无奈，只好暗命禁卫将安贼之子府邸包围，又于京师搜捕安贼一党。丞相此举，必激怒安贼，迫其反叛。老夫恐大唐祸事不远矣！焉敢再托病不出？"

杜甫闻言，忧心不已："若此，大帅不出，奈苍生何？"

哥舒翰慨然道："大丈夫死得其所，在所不辞！只是安贼反叛，非比往昔。此战乃胡人与汉人之战，民族之战历来惨烈无比。老夫每念至此，莫不于心中暗祈苍天！"

杜甫动容，不由涕泪："莫非朝廷竟无扭转乾坤之策？"

哥舒翰手擂玉案，高声叫道："必得霹雳手段！"随后，又一声长叹，"恐'冰相'难为之！"

二人谈话中，杜甫见有人禀报军情，只好向哥舒翰辞别。哥舒翰恍然道："老夫已得吏部消息，子美将为朝廷所用，何不前去集贤院领旨？"杜甫施礼，谢恩而退。

走出哥舒翰府，太阳已经升起，雾气消散。杜甫得哥舒翰之言，心中冰山轰然倒塌，“正值社稷风雨欲来之际，子美得朝廷倚重，必粉身碎骨，以救社稷于危难，以拯黎民于水火”。心念至此，杜甫眼前雾瘴豁然而散，连脚下步伐亦变得轻快，不消一个时辰，便来到集贤院。

本想为朝廷所用，必上含元殿面圣，奏对治国方略。杜甫心中早已暗自备下应对良策。却不想行至集贤院内，就见内廊张着一张红榜，榜上人名济济，杜甫好不容易找到自己名字，竟是任职九品河西尉！

杜甫顿时惊呆！

献纳使田澄见杜甫呆立之相，拱手安慰道：“河西乃京畿之县，优于它处，往常非进士及第不得受命。老天念及汝文动人主，并有宰相试文之容，年愈不惑而无俸禄，方授汝河西县尉之要职。”

县尉是个对上逢迎、对下鞭打怒吼之职。杜甫岂敢相信朝廷会让满腹经纶、一把瘦骨的诗人去操刀舞棍、催粮逼租？自己久怀“致君尧舜上，再使风俗淳”之壮志雄心，岂肯做朝廷之奴才走狗，岂能成为黎民百姓口中之凶神恶煞？眼前不由浮现出昔日好友高适宁可混迹于渔樵之中，与庶民为伍，亦不愿做“拜迎长官心欲碎，鞭挞黎庶令人悲”之封丘尉；耳边不由回响起灞河桥上征夫们“爷娘妻子走相送”那响彻云霄之哭声……

杜甫若似梦游一般，再次来到曲江池畔。

又见那架缓缓转动的水车。旷野上，杜甫的视线为水车之下一片波光粼粼的河水所吸引。一只吊桶像一间黑屋，那里充满着黑的孤苦、局促，有一股湿木味道！杜甫忽然又想起郑虔之画：画中有一个黑衣女人，站在曲江对岸——季节自然是冬天。茫茫风雪之中，对岸有数人饮酒。这女人始终站在他们背后……曲江池边一排排杨柳，映照出雨一般倾泻、斜飞的鹅毛大雪。天色昏暗、阴霾，冰冻河面上一望无际的积雪，似是整个大唐帝国之忧郁在堆集！风雪中，她脸部灰暗、模糊，在忧郁深思中不愿被人辨认出来。她一定有什么苦恼，在那个陈旧的冬夜里，风雪在她耳边呼号。

曲江阴云

她胸中郁积的愤恨似乎也压在杜甫胸中……

杜甫恰似那悲伤之人！

他怀着大爱之心，于京师等待十年，随时准备张开爱的双臂去拥抱大唐黎民，没想到等来的却是个敲剥黎民、蚕食百姓之河西尉！

杜甫的眼睛再次含满泪水！

沙沙沙，一阵风吹过林中树叶。天空下，风在对每块嶙峋山岩悄声低语：这是一个充斥着谎言的时代！

夜深，待赞公寻来之时，杜甫已被深秋的霜露打湿。回到大云寺禅房，杜甫借着火光，写下“不作河西尉，凄凉为折腰……”

赞公读诗，亦是心中悲叹：“子美以生命为赌注，不与黎民为难，然其妻子何辜而受连累？”遂心中暗想，“老衲与当朝御史大夫房琯有旧，待明日暗托于他，再为子美寻下活路。我佛慈悲，焉能使其名垂千古，而枯槁当年？”

得赞公暗中周旋相助，未几，杜甫由河西尉调转右卫率府胄曹参军，此职乃掌管兵甲、仪仗之闲职。为家人生计，自嘲着“老夫怕趋走，率府且逍遥”，杜甫只好前去任职。

以杜甫之大才而做此小吏，焉能顺心？况此职乃太子府主管兵甲器仗仓库之小吏，焉能施展胸中抱负？故而，杜甫常有懈怠。任职未几，杜甫“愚且直”之性，亦使同僚不悦，遂向长官告假，回乡探亲。

杜甫的家曾在南瑶湾、曾在东都洛阳、曾在偃师首阳山下陆浑山庄；杜甫的家曾在长安城西一座破旧院落，曾在杜陵桑曲……所有经过的地方只是自己生命中的一个个驿站！杜甫就像天空下的一只鸟，从一个枝头跳到另一个枝头……想及此处，不由心中暗暗发下宏愿：要起屋造房，重置灶膛！要让妻子儿女居于茅舍，从此不再漂泊。实际上，杜甫已过天命，壮志难酬，亦早已厌倦漂泊流浪……

杜甫心怀着一个强大的愿望，风餐露宿数日，终于赶回那间奉先县舍，那个无比温暖的家。

尚未进门，却听到一阵哭声破屋而出！杜甫急忙入内探视，见妻子杨氏正伏在幼子身上，放声恸哭！杜甫瞬时目中着泪，将妻子艰难揽起，方知幼子因数日断食，刚刚饿毙！杜甫顿如雷震电击，颤颤起身，呜咽喃喃道：“为父回来晚矣！为父无能，难养亲子也！”

邻人闻声，亦纷纷过来相劝。杜甫木然而立，悲沁骨髓。待邻人散去，已是暗夜。杜甫艰难起身，将幼子小心抱起，放在邻里送来的一张草席之上，静视良久，方才将其轻轻卷起。趁着星光，杜甫手持镬头，抱起幼子，艰难地走向远处山坳。

星月无声。杜甫掩埋下幼子，而后倚树独坐。他坐在自己硕大而冰冷的泪滴里，隔着无法穿越的生命之墙，用心与幼子低语。

“宣父曰：‘遇于一哀而出涕，予恶夫涕之无从也！’邻里尚为你而哭，我为汝父，焉能不悲？只是我子命绝，焉不等我？为父自幼奉儒，勤学不辍。后入京师，历经磨难，不堕忠君爱民之心。然今日我不得不放声问天：‘儒术于我何有哉？孔丘盗跖俱尘埃！’今日之天下，有何留恋？皇帝昏庸，奸佞当道，四处烽火，民不聊生，‘朱门酒肉臭，路有冻死骨’，这样的朝代有何理由存在？我儿离世，必若重桴，震响丧钟！

“丧钟为大唐盛世而鸣！丧钟必为天下逆臣而鸣！

“我儿之死，若点起秋日暗夜里的一盏灯笼，让今世和后人去看：就是在这样一个大唐盛世里，在谷物收获之秋天，一个生于常年免除租税和兵役的小吏之家的幼子，活活饿毙！让他们去浮想联翩：普天之下那些黔首黎民生活之艰、贩夫走卒生命之贱……

“我儿有福矣！从此别去尘世之苦，别去离乱之忧！我儿可于生命彼岸等待，要不了多久，一个辉煌朝代将为你殉葬！”

大雪纷飞，天地混沌。杜甫回至家中，回至无柴取暖之土屋陋室里，

幼子饿毙

身冻神伤，心绪难平：金碧辉煌之皇宫，肉林酒池般豪奢之华清池，挥金如土之王公贵族，漫漫荒野中之片片新坟旧冢，路边倒毙之饿殍，心爱幼子“饿已卒”之惨景……若此反差巨大的画面，走马灯似的在杜甫眼前反复出现。杜甫不由怀着强烈的义愤和不平，披衣点灯，目中泣血，手持竹管，饱蘸血泪与浓墨，写下千古名篇《自京赴奉先县咏怀五百字》：

杜陵有布衣，老大意转拙。
许身一何愚？窃比稷与契。
居然成濩落，白首甘契阔。
盖棺事则已，此志常觊豁。
穷年忧黎元，叹息肠内热。
…………
忧端齐终南，澒洞不可掇。

此诗乃杜甫困居长安十年的生活总结和思想结晶。背景是杜甫得到右卫率府胄曹参军官职未几，便去奉先县舍探看客居于斯的妻儿。那是一个寒冷秋夜，风霜凛冽、星月凄凉。杜甫一路之上，爬山路，越险桥，辛苦备尝；途经骊山之下，骊山华清宫纵情享乐之声，使其忧愤交集。而此时，于大唐北部范阳，安禄山已经准备起兵叛乱，山雨欲来风满楼！杜甫心中不断想象着与家人欢聚之情之景，感受着与妻儿同甘苦之快慰。抱着这点可怜的心愿，他经过数日的艰苦跋涉，终于来到奉先。岂知刚一进门，就听到一片号啕大哭。原来，聪慧幼子已被活活饿死！若似晴天霹雳，将其震惊！华清宫之奢华无度与奉先县舍之孤苦饥寒若对峙之双峰，将杜甫深深抛入情感之谷底。杜甫在忧愤交集之中，长歌当哭，乃成此诗。

首节为“咏怀”。作者自述平生之志，并揭示出理想与现实之间不可调和的矛盾。杜甫以“稷契”为立身标准，心怀社稷黎民。然而，高尚的志向却遭到世俗之辈的嘲笑，遭到当权者的冷漠，将杜甫长期置于衣食不保的境况之中。相反，那些经营私利的“蝼蚁之辈”却衣暖食饱，飞黄腾达。杜甫苦闷忧伤，却不忍离去，归隐山林。皆因在那个时代，儒者以孝事君，进思尽忠，退思不过。如果夺去一个有良知臣子的忠君之心，否定封建帝王而谋求社会大治，无疑会使杜甫生不如死。孟子曰：“禹思天下有溺者，由己溺之也；稷思天下有饥者，由己饥之也。”杜甫以平实坦率之语，将忠君爱民之心娓娓道出；于咏怀中叙事，将自己的遭遇、处境及徘徊矛盾之心情，一一呈现。忧郁感情中蕴涵着坚毅，自嘲口气中透露着倔强，苦难经历中饱含着悲悯。

次节为“纪行”。记述途中之寒冷及经骊山之时的观感。杜甫匠心独运，将身受苦寒托以心绪，以工笔重彩勾勒出玄宗君臣欢宴赐浴、骄淫横奢之景象。骊山行宫之奢华无度与天下黎民之孤苦极寒相对照，宛如苍穹两极，激起雷电霹雳！激起“朱门酒肉臭，路有冻死骨”等石惊天破之喟叹！若此不平之盛世，焉能不鸣丧钟？

最后为“纪事”。杜甫通过对返家后见幼子饿毙等悲痛心情的描述，来反映社稷之危。若杜甫小吏之家尚且生活困顿如此，那么，普天之下黔首黎民之悲惨遭遇更是可想而知！杜甫悲彻骨髓，却又推及于人，想到普天之下黎民之苦难，大悲悯之心明若皓月！杜甫忧愤淤积，心中块垒如山，肝肠如火，涕泪横流！社稷、忠君已追逐半生，余生亦当如何？

嗟夫！此诗将个人不幸与大唐王朝之命运紧密结合在一起，就人生旅途中所见所感，通过“咏怀”“纪行”“纪事”三部分展现出来。层次分明，细致生动。作者挽心中浩大无边之愁绪为诗句，以诗句为重桴，敲响了一个盛世王朝的丧钟！

七·身陷囹圄

天宝末年，安禄山身兼范阳、平卢（治柳城郡，今辽宁朝阳）、河东（治太原府，今山西太原西南晋源镇一带）三镇节度使、河北道采访处置使，控兵十八万；又加封东平郡王，持免死铁券，掌生杀大权。安禄山上马管军，下马管民，使此地胡风盛行。街衢之上，只闻东平郡王、光明之神安禄山之名，而不知朝廷和大唐天子。

范阳四处设置的营帐，若雨后树林中的蘑菇，密密麻麻。营帐相隔不远，就有一座座烽火台相望，若之天上繁星。一众强健的兵士，手执刀枪剑戟，于营帐外开阔之地，操练队形。节奏整齐划一，喊声惊天动地，气壮山河！不时有快马进出范阳营帐，马蹄声脆，扬起漫天尘埃。夜幕降临，军营灯火与天上星光相辉映，蔚为壮观。

冬日黄昏，冷风凛冽，天降碎雪。东平王府大殿之上，灯火通明，瑞炉火旺。安禄山斜倚虎皮帅榻之上，粗眉立竖，目若鹰枭，端视刚从京师返回渔阳的奏事官、萨宝大祭祀刘骆谷及奉事胡逸。二人施礼已毕，刘骆谷起身奏道：“今长安风声紧烈，山雨欲来。不日前，丞相遣京兆尹率禁卫包围亲仁坊郡王住宅，软禁王子庆宗及荣义郡主，搜求反状；并逮捕门客李超、安岱、李方及家童数十人等，不予审讯，便送御史台缢杀。属下厚贿虢国夫人，得其通融，方艰难脱身，狼狈而返。”

安禄山闻言，怒火中烧，遂假以“奉密旨讨杨国忠”“讨国逆、平祸乱”之名，于天宝十四载十一月初九日，由众将及军师严庄、高尚、孙孝哲、张通儒等簇拥，检阅军队，杀马祭天，自范阳挥师南下。

大军所过之地，大肆抢掠，人物无遗。黎民涂炭，哀声震天。

此时，杜甫于奉先家中闻安禄山反叛，虽于自己预料之中，亦不免心忧如焚。一日之内，须发皆白。他匆忙安排家事，移家于白水舅父宅院，便急急赶赴长安。一路之上，闻河北诸地尽陷，“宫室焚烧，十不存一；百曹荒废，曾无尺椽。中间畿内，不满千户；井邑榛荆，豺狼站嗥。既乏军储，又鲜人力。东至郑、汴，达于徐方；北自覃、怀，经于相土，人烟断绝，千里萧条”，杜甫异常悲愤；再见饥荒难民自关外涌来，皆悲戚如斯，更是心如刀割。杜甫回至长安右率府任上时，却是人去府空，官吏、将士皆已开往潼关御敌。杜甫报国心切，遂整行囊，佩戴锈剑，孤身欲去投军，为大云寺住持赞公所阻。

未过数日，平安火忽有一日未燃。长安顿时骚乱起来。杜甫走出大云寺，便闻听叛军已破潼关的消息。潼关天险失守，战事逆转，长安门户顿开。

杜甫知潼关已失，不禁放声大哭。家人寄居于白水舅父家中，白水离潼关不远，恐已遭叛军袭扰。他急忙于赞公处借马，骤马直趋白水。至白水家中，未待稍歇，就闻叛军已至。杜甫急忙携起家人，随逃亡的百姓队伍，向西而去。

一路之上，但见烽烟四起，哭声震天，血流成河，白骨如山。加之天降大雨，道路泥泞难行，奔逃难民不断有人饿毙于野，杜甫心中苦不堪言。

正走着，杜甫忽见眼前一孕妇倒地，旁有小儿哭泣，心中不忍，竟将胯下之马相送孕妇，自己则与家人一起步行逃难。暮色来临，杜甫只顾招呼家人，一不留心陷入路边的芦苇泥沼之中，奋力而不得出。家人皆体弱，只好于旁侧无力哭泣，祈愿同死。危难之际，杜甫重表侄王砅前行之中，不见杜甫一家，拨马便回十数里，见杜甫委于泥沼之中，遂下马施救，杜甫才得以解脱。如此，于连绵大雨之中，由表侄持刀一路相护，杜甫一家一直走到鄜州之地同家洼，并得友人孙宰热情接待，一家人同住孙家院落；又知叛军直入长安而去，方惊魂稍定。

稍后，杜甫得孙宰襄助，将家小安置于鄜州城北的羌村。适逢连日暴雨，三川山洪暴发，大片农田被淹没。望着眼前滔滔洪水，思着天下战乱烽火，闻听百姓震天哭声，杜甫心如刀绞，悲憾不已，遂以《送重表侄王砅评事使南海》《彭衙行》两首诗记下携家逃亡之惨象，感念表侄的救命之恩及好友孙宰的仗义相助，又切齿叛军对黎民的野蛮逐杀。

杜甫多么渴望早日平定安史之乱。他不断从逃亡的难民及溃散的官军那里得到战事消息，每每闻之，皆喟叹不已！

闻去岁年末，平原太守颜真卿、常山太守颜杲卿起兵，讨伐安禄山，河北诸郡响应。安禄山急令史思明率部回师，务必攻下常山郡。颜杲卿亲自督战，然箭尽粮绝，数日城破。史思明威逼颜杲卿投降，颜杲卿昂然不屈。安禄山大怒，将颜杲卿凌迟处死。

又闻睢阳战急。故友张巡率部将南霁云、雷万春等三千兵士，转战定陵、巫城、雍丘，再退居睢阳，与太守许远合力，以数千军民，抗敌数万，独守孤城年余。张巡善兵，许远善谋，屡挫叛军。尤以草人借箭之谋，传为美谈。

又闻安禄山得知其子安庆宗被杀，震怒之下，疯狂报复官军与大唐黎民。数万降卒接连倒在叛军屠刀之下，流血如川，尸骨盈山。其将崔乾祐攻克潼关之后，安禄山挥得胜之兵，直捣长安。而此时弘农、临汝、濮阳、

■ 乱世逃亡

济阳和云中等郡亦相继陷于叛军之手……

又闻潼关失守之后，安禄山叛军未抵长安之时，玄宗西去入蜀，未随官员、市民逃入山谷，宫嫔、中贵亦多散匿逃亡。长安大乱，盗贼蜂起，既侵袭将相府第，争抢财物，草菅人命；又剽掠朝廷盈库，百司帑藏，纵火焚屋。安禄山闻之大怒。叛军入长安后，遂令叛军大肆搜掠数日，又着府县横施推按，相互株连，甚至平民之物，亦在抢掠之中。百姓之苦，更是雪上加霜。哀号之声，惊天动地。安禄山怨恨玄宗将其长子安庆宗处死，大肆搜捕皇亲贵戚百余人，皆剖心割胆，以此祭祀其子。朝中群臣随从玄宗入蜀者，皆诛灭其宗族。安禄山残暴无度之举，令长安百姓更加眷恋昔日朝廷，尽管那已经是一个“朱门酒肉臭，路有冻死骨”的糜烂朝廷……

又闻皇上西去蜀地，陈玄礼率将士诛杀杨国忠及贵妃，杜甫不由作诗赞颂：“桓桓陈将军，仗钺奋忠烈。微尔人尽非，于今国犹活。”以为陈玄礼为国除奸，方使大唐存衍。又闻皇上留太子李亨携两千军士，守于关中。然太子由李泌、李嗣业等诸文武相佐，已于灵武之地，登基称帝，遥尊唐玄宗为太上皇，正招兵求贤，共讨叛逆……

四处战乱，风雨飘摇。杜甫忽然觉得命运竟如风中之萍，浪尖孤舟，不能自持。日里徘徊彷徨，夜里辗转反侧。一颗心常常飞到千里万里之外！飞到中原大地上空，若之苍鹰回旋！

当杜甫再闻听睢阳城破，故友张巡、许远等三十六将士皆已殉节之时，双目眦裂，泣泪成血。遂不顾赞公再三劝阻，简单收拾行囊，携上锈剑，向友人借来瘦马，匹马西风，天地孤旅，径向唐朝行在灵武方向而去……

杜甫风餐露宿，昼伏夜走数日。一路之上，多见漂泊难民，少见叛军胡兵，心中急于赶路，遂渐渐大胆起来。一日，杜甫未待日落，就急忙赶路。看着夕阳一点点下沉，杜甫像夸父追日般朝着太阳方向一路追赶。翻过一道山梁又一道沟坎，眼前已经出现最后一道横岭：陕西横山！越过横山芦子关，便是郭子仪统领的官军营地，便是杜甫心中之归宿！

杜甫一阵激动，心绪一振，遂着鞭胯下瘦马，跃上高岗。眼前顿时展现出一片开阔之地！凛冽寒风从平阔空旷的原野毫无遮挡地吹来，发出一阵阵尖厉之啸声！忽闻一声胡笳遏云而起，更显旷野空寂！

杜甫放眼望去，瞬时，如坠冰窟！

就见不远处，游动着一片乌云。那乌云瞬间化作数百胡兵，正手摇旌旗与刀剑，呐喊而来。杜甫猛然想起赞公所言：“安禄山将长安所掠珍宝运送范阳，重骑出河东，驮兵出灵州。”此队兵马果是胡兵范阳驮队！

已是躲闪不及！杜甫只好勒马定神，手按腰间剑柄，暗怀必死之心。一队胡兵在离杜甫数十步处，呼啸一声，四散开去，复又合拢，将杜甫围在中心。杜甫虽如浪尖浮萍，却不惊慌，倒是胯下瘦马乃平时耕田种地之马，乍闻战马嘶鸣、刀戈剑戟之声，一声哀鸣，受惊而起，早将杜甫颠下马来。未待杜甫起身，数个胡兵已大笑着趁势拥上，将杜甫牢牢绑缚。杜甫已报必死之心，反觉天地静寂，大块无言，遂闭目不语。

少顷，听得一阵马蹄声响，一员将官已于马上以血腥、冰凉的枪刃抵向杜甫咽喉，并顺势将杜甫面部抬起。杜甫微睁双目，就见那员将官虎背熊腰，赤须横扎，满面横肉，双目喷火。引人之处乃其高大战马的项下，竟悬着邀赏之物——数颗血淋淋的人头！见杜甫抬眼，那将官一声顿喝:“尔乃何人？可是官军探子？”声若惊雷。

杜甫亦不惊慌，漠然应道：“杜甫，字子美，乃杜陵野老。正欲前往同谷投亲避难。”

闻听杜甫之言，胡兵存疑，便夺过杜甫包裹，将其撕裂，把从中发现的朝廷任命其右卫率府胄曹参军的文书，交与来将。那胡将收回枪刃，翻看文书，不由大笑道：“此小吏囊中空空，穷困如斯，却将此一纸空文视若至宝，其心赤诚，实乃少见。”复持杜甫任职文书细看，又道，“我乃大燕皇帝麾下大将季庭伟，亦曾闻汝诗名。昔于长安，尔作三大礼赋，名动京师，何以只得小小胄曹参军之职？”

杜甫闻听季庭伟之名，忽然想起昔日于兖州之时，故友张玠曾言：其有背师灭祖师弟，远投安禄山帐下，为非作歹。莫非就是眼前之人？因此鄙夷道："将军可是金刀侠客张玠之师弟？"

季庭伟闻言大笑："竟知本将之愚夫师兄！他数次入范阳寻我复仇，险些丧命。"又道，"可惜尔等高才竟不为大唐朝廷所用！何不投身于我，以得功名富贵？"

杜甫面带讥屑，闭目不语。季庭伟见日将暮，亦不多言，遂扬手招来数个胡兵，将瘦骨嶙峋的杜甫叉腰抬起，绑缚于马背之上。就听一声呼啸，胡兵叛军的马蹄声响如雷，向暮色深处裹尘而去……

杜甫被缚于马背之上，一路颠簸数日，欲逃无方，欲死不能，由叛军挟持而入长安。

长安一片血腥，四处狼烟。杜甫被解去绳索，几个胡兵将其胡乱投入一处散发着腐烂和死亡气息的马厩之中。

不知过了多久，杜甫醒来，顿感一阵钻心痛疼，方知自己尚且活着，却无力睁开双目。午后阳光透过屋顶缝隙正照着脚下的一泓积水。杜甫轻轻挪动身子，一堆蚊蝇受惊而起。

见杜甫醒来，墙角处有人低语："活着就好！君不见长安街头人间地狱之惨象？"闻声望去，就见马厩之中，或躺或卧着数十人，皆着污秽不堪的朝廷官服。见杜甫疑惑，那人又道："子美莫非忘记我了？昔日集贤院中，你我共处一室，今日乾坤倒置，你我再处一室，莫非天意如此？"杜甫眯眼细视此人，竟是九品著作郎苏端，心中一阵暖流涌过，竟欲起身，却已无力。苏端见状，已是蹚过人群，来到杜甫身前，拱手苦笑道："此处马厩专一羁押我等朝廷小官。子美先保性命要紧……"苏端言未毕而泪已落。

杜甫正欲开言，就听马厩之外，有人于马上高喝："尔等不得妄语！大燕丞相有令：尔等之人，若有悔书上奏，可得白米酒食，亦可再委以新职。若无悔书，此地便是尔等葬身之地！"

原来安禄山登基之后，大授伪职。朝廷昔日高官皆被绑缚洛阳，顺其者昌，加官进爵；逆其者亡，皆囚于大菩寺中。原唐朝左相陈希烈，翰林学士、驸马张垍已变节安禄山，加封丞相之职。张垍献计安禄山，“武人开疆，文士安邦。今大燕已得天下，必以治政为先。长安乃前朝京都所在，文人雅士怀才不遇者众，可召之前来，为大燕所用。”安禄山昔日于朝堂，与张垍交厚，闻听此言，亦恐大燕将领手持重兵，又不知礼仪廉耻，异日难治，再蹈大唐朝廷旧辙，遂着张垍于长安收拢士子之心，以为己用。

慑于安禄山叛军之淫威，未待数日，杜甫所在马厩里的朝廷旧官，皆纷纷呈上悔书，虽面带愧色，却是强抑着心中侥幸活命的一丝暗喜，接连离开此处，余者寥寥。偌大的马厩顿时显得空空荡荡。未几，杜甫故友苏端、薛华亦借故离去。马厩只剩杜甫一人！

中秋之夜，月冷风寒。杜甫挣扎起身，伏窗望月，凄恻销魂。杜甫虽怀必死之心，却更加思念家中的妻子与儿女。数年来，妻子与自己感情甚笃，已是一体。儿女年幼柔弱，却要面临无情战乱，恐怕亦是命若悬丝。一把锋利的刀刃正在无情切割着杜甫那颗饱经沧桑的心！杜甫倚窗望月，泪流满面，“妻子亦必是在月下独望，其鬓发已被清露打湿，手臂在冰凉月光下已有寒意。唉！何时才能平息战乱，使我家人团聚？何时我才能与妻子双双倚着透明的薄帷，一同望月，让月亮照干泪痕？”思及此处，杜甫不由口中低吟：

今夜鄜州月，闺中只独看。
遥怜小儿女，未解忆长安。
香雾云鬟湿，清辉玉臂寒。
何时倚虚幌，双照泪痕干？

见杜甫瘦骨嶙峋、苍老不堪，胡兵不屑看管，将原本把守的兵士撤出，只派一个身残老军看守马厩，相伴杜甫。

一日，杜甫正在马厩与老兵闲话，却见季庭伟傲然而来。于看守老军的惊诧之中，早有胡兵将杜甫再次捆缚马背之上，绝尘而去。

不消一个时辰，季庭伟已驻马一座高大的府第之前，并一手扯过杜甫，掷于马下。杜甫刚起身来，便被两个叛军挟着双臂，直向府院正堂而去。

杜甫随叛军入内，抬起头来，惊见府堂之上端坐之人，竟是被自己以诗赋颂、于诗中将其比之周公的昔日翰林学士、驸马张垍！

张垍见杜甫委于堂下，故作怒状，厉声叱其左右："子美日月之才，又系本相故旧，尔等焉敢如此相待？"其属下闻声，惶然上前，连忙将杜甫身上绳索解去。张垍余怒未消，复厉声喝道："尔等还不退下？"几个胡兵闻声，喏喏而退。

高堂之上，顿时静寂。良久之后，张垍着人再上热茶，力邀杜甫就坐，以宾客礼之。杜甫落座，心绪平静如水。张垍假意叹道："本相数日来忙于繁杂事务，无暇顾及故人。昨日闻下属奏报，方知子美身在长安。"

杜甫抬眼，见张垍着一品丞相服饰，锦袍玉带、珠玉绣冠更使昔日驸马神采生辉，不由拱手讥讽道："昨朝驸马，今朝丞相，实乃可喜可贺！"

张垍面呈一丝苦涩况味。"本相十分赏识子美才情。"张垍一字一顿道，"若附依大燕，必得重用。若此，子美既得青紫富贵，又得以施展胸中抱负。"

"哈哈哈！"杜甫闻言，不由仰天大笑，笑声使张垍十分不安。片刻之后，杜甫止笑，缓言道："我昔年于首阳山筑一土室，名曰陆浑山庄，恰与商代圣贤伯夷、叔齐困居之地为邻。我闻伯夷、叔齐乃孤竹君之二子也。父欲立叔齐，及父卒，叔齐让伯夷。伯夷曰'父命也'，遂逃去。叔齐亦不肯立，而逃之。国人立其中子。于是伯夷、叔齐闻西伯昌善养老，盍往归焉。及至，西伯卒，武王载其灵牌，号为文王，向东伐纣。伯夷、叔齐叩马而谏曰：'父死不葬，爰及干戈，可谓孝乎？以臣弑君，可谓仁乎？'左右欲杀之。姜太公曰：'此义人也。'扶而去之。武王已平殷乱，天下宗周，而伯夷、叔齐耻之，义不食周粟，隐于首阳山，采薇而食。及饿且死，作歌，其辞曰：‘登彼西山兮，采其薇矣，以暴易暴兮，不知其非矣。神农、虞、夏忽焉没兮，我安适归矣？于嗟徂兮，命之衰矣！’遂饿死于首阳山。”

“此乃愚人也！不知变通之理。”张垍闻之，尴尬笑道，“我闻圣人亦有曰‘良禽择木而栖’，识时务者为俊杰！”

杜甫闭目，侃侃再言：“若论良禽，我想起吴越争霸之时，西施为越国而入吴，携带一只懂音律、咏诗文之鹦鹉一同踏入吴国。那鸟进入吴地，任凭宫人百般挑逗，却忧思故国，终日不语。后越国灭吴，此鸟再归越国，日夜鸣啼不止，力竭方死。”言及此处，杜甫哂笑：“子美今日虽困长安，性命悬于一丝，然不敢禽兽不如也！”

张垍顿时玉面变色，本欲发怒，转瞬之间，却长叹一声，冷冷道：“子美之心，本相已知。然子美可知我何以辅佐燕王？”

杜甫漠然，无力摇首。

张垍略拂心绪，起身道：“燕王忠勇憨直，性若儿婴。若待贤相为谋，天下一鼓可定。而前朝皇上昏庸，沉溺酒色而不思治国，高居无为，将锦绣河山交予小人胡为。奸相李林甫祸国乱政，杨国忠更是张扬跋扈，朝中衮衮诸公皆是阿谀奉承、敲骨吸髓之徒，如此腐朽黑暗之朝廷于民何益？于社稷何益？”见杜甫沉默不语，张垍又道：“朝廷贤愚倒置，奸邪横行，逼迫安禄山将军反叛，逼迫我等文士落魄长安，逼迫天下民不聊生。子美以为，我言可是？”

杜甫心意已决，充耳不闻。张垍见杜甫不应，顿足又道：“子美真乃愚人也！今大唐皇上昏庸老迈，太子无德无能，宰相房琯高切不实，将士士气已堕，大唐气数已尽。况大唐又无恩于子美，何不怀金玉之才而事大燕？由我保荐，必取青紫，以展子美‘致君尧舜上，再使风俗淳’之志。”

杜甫终于接话：“大唐于我无恩德，却于驸马恩重如山。皇上将爱女嫁汝，将数不尽之荣华富贵予汝，汝却不思回报，忘恩负义，焉为士子楷模？焉不羞愧？子美深为翰林学士而羞！”杜甫最后摇头叹道：“况安贼杀人如麻、暴殄天物，致使天沸人怨，人人欲得而诛之。焉能与尧舜相比，乃猪狗弗如也……”

“放肆！”张垍闻言大怒，恨不得立杀杜甫！堂外侍立的胡兵，闻声持刀而入。季庭伟叫道：“若此迂腐匹夫，何须口舌？”磨刀霍霍，急待张垍一呼。堂上静寂如死，杜甫闭目等待。不知过去多长时间，张垍已坐下身来，望着衣若悬鹑、憔悴不堪的杜甫，无力挥手，斥去堂上胡兵，漠然叹道：“若将安禄山封相于朝，何有今日战乱？”张垍面带一丝怨愤，“昔皇上不听我忠言，反将我兄弟贬黜，险些处死。恩情何在？今日皇上远遁蜀中，又何曾顾及为朝廷世代效命的王公大臣之生死？”

见杜甫满脸不屑之色，张垍遂羞愤转身，再道：“吾不愿落下千古害贤之名！子美今日走出相府，便得自由。只是不可妄言，不得出城，以免招惹杀身之祸。你我故人，焉能不恤？”

一场噩梦！

杜甫闻言，施礼而退。自张垍相府而出，他回至马厩，于看守老军处取回行囊，走向街头。望着灰暗的天空，杜甫知道四十余日的囹圄生活结束于张垍的恩遇。然杜甫却无丝毫知觉，不知悲喜。正不知何去何从，忽闻大云寺暮鼓响起，杜甫遂加快脚步，向大云寺而去。

杜甫于大云寺不断得到前线战事的消息。闻听肃宗正于灵武检阅六军，整军东进。郭子仪大军接连数次大胜，已得潼关。李光弼大军攻入陕州，已截断叛军之后路。长安街头，百姓皆暗自燃放爆竹，胡兵皆惶惶不可终日。

恰在此时，又忽得家书，杜甫不禁喜极而泣，呜咽作声。自去岁秋至今春，骨肉分离，音信全无；加之烽火不断，家国皆处于水深火热之中。杜甫忧国与思家之心相互激荡，诗思难遏。遂手持竹管，饱蘸浓墨，题诗于壁：

■ 忧思作《春望》

国破山河在，城春草木深。
感时花溅泪，恨别鸟惊心。
烽火连三月，家书抵万金。
白头搔更短，浑欲不胜簪。

更让杜甫欣喜的是，自洛阳传来安禄山已死的消息，长安街头顿时呈现出一点春意。大批胡兵不断自长安而出，开赴长安之西的横山，以抵御郭子仪所率的官军和由回纥太子叶护所引的回纥骑兵。昔日困若寒冰的长安，稍有松动。长安戍守城门的叛军胡兵，亦渐渐由伪官所统领的汉人兵士把守。

见时机来临，杜甫换上僧衣，趁着黄昏兵士守备松懈之时，以为一名暴死城外的伪官招魂为由，出长安金光门，直向西边落日方向而去。

西边落日之地乃今日行在凤翔。杜甫此行汲取上次被俘的教训，一路之上，风餐露宿，小心潜行。渴饮冷水残雪，饥食野果草根。杜甫翻越横山之时，恰遇安守志所引叛军与郭子仪所率官军对垒，两军皆沿山势构筑工事，封锁行人。杜甫只好手攀绝壁而下，数次险些坠入山涧……穿过芦子关，杜甫行至武功时，回首望着太白山顶的皑皑积雪，不由放声大哭，知道自己已经脱险。

杜甫历经磨难，死里逃生，至凤翔时，已是春暮。数日之后，杜甫即为当朝宰相房琯召见。房琯见杜甫前来，感慨其“辛苦贼中来”之忠贞，未待杜甫稍歇，即引领杜甫上殿面圣。杜甫进入大殿，俯首丹墀，涕泪泣道：“微臣原本太子属官，今历尽艰辛，九死一生，得见陛下，恍若重生。值此国难之际，微臣愿肝脑涂地，剖心析胆，以求建功于社稷，造福于黎民。”

唐肃宗于龙榻之上，见杜甫白发皓首，其情苍然，瘦骨嶙峋，正气浩然；再看他麻鞋葛衣，衣不蔽体，竟不由心酸，为其赤心所撼动。众官亦为杜甫“麻鞋见天子，衣袖露两肘”的忠心感悯，皆为杜甫赞言。官员中有闻杜甫诗才者，就于大殿之上向其问策。杜甫不言战事政务，却言凤翔。

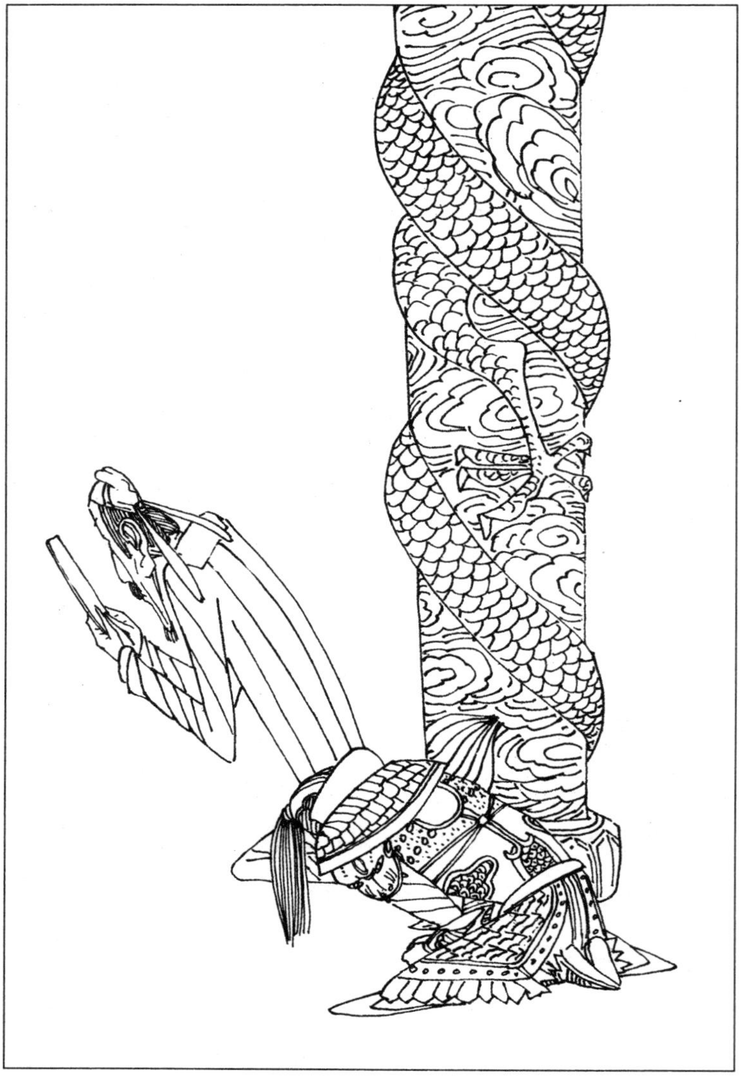

朝见天子

杜甫奏道：“凤翔古称雍州，天下九州之一。周室发祥于此，嬴秦创霸之区，始皇加冕之处，大唐中兴之所。昔周成王即位，用周召毕荣之属，天下大治，殊方绝域，莫不蒙化，是以越裳献雉，重译来贡，太平之瑞，同时而应。麒麟游于苑囿，凤凰来舞于庭，颂声并作，佥然大同。周成王于此援琴而鼓之，作仪凤歌。歌曰：‘凤凰翔兮于紫庭，余何德兮以感灵，赖先人兮恩泽臻，于胥乐兮民以宁，凤凰来兮百兽晨。’又相传秦穆公之女弄玉善于吹笛，引来善于吹箫之华山隐士萧史，知音相遇，终成眷属，后乘凤凰飞翔而去。”

“凤凰翔紫庭，大唐当兴。”肃宗闻言大喜，亦知杜甫诗才不虚，颔首赞道，“杜甫忠心可嘉，才德殊人。”遂着旨意，由中书侍郎张镐赍符告谕，授杜甫左拾遗之职。

拾遗职位乃唐太宗于贞观初年设置，左、右拾遗分属门下、中书二省，主管朝廷“拾遗补阙”“正人匡谏”。其责任重大，常于皇帝身边，规劝讽谏。朝廷得失，在于谏臣。虽官为八品上，品秩不高，职位却很重要。若得皇上称意，即可飞黄腾达。杜甫叩首谢恩，再献郑虔所绘洛阳形势图，以郑虔有“白发千茎雪，丹心一寸灰”的忠诚之心，规劝肃宗克敌之日，以仁德为本，宽恕无奈降敌的伪官。

终于可以暂时停下漂泊的脚步。杜甫再次以性命为赌注，终于换来为社稷效命之机。数十年之梦想，今日成真。杜甫恨不得将胸中所学全部倾出，恨不得以一身瘦骨独支飘摇的社稷，哪怕自己粉身碎骨！杜甫为国事心忧如焚，夜不安寝，食不甘味，遂上书肃宗，“臣闻太宗先帝曾曰：‘若人主所行不当，臣下又无匡谏，苟在阿顺，事皆称美，则君为暗主，臣为谀臣，危亡不远。’臣亦深知，为君不易，为臣极难。帝君若龙，喉下有逆鳞，触犯有祸。夏桀之贤臣关龙逄、殷纣之贤臣比干，皆以忠谏被杀。臣愿效法关、比，以谏尽忠……”杜甫效法比干、魏征“正人匡谏”，接连上书，苦苦进谏，竟使肃宗不悦，以为杜甫褊躁傲诞，不宜于朝。随后，数日里，杜甫再无上殿面君之机。

未几，朝中掀起一场轩然大波。北海太守贺兰进明引军至凤翔。其早年与房琯存有私怨，二人不时于朝堂之上相互攻讦。恰有房琯门人琴师董庭兰被人诬以“倚其权势，纳贿招财”，使贺兰进明得其把柄，以朋比为奸、昏庸败军之罪，上奏肃宗。肃宗下旨将房琯罢相，贬为太子少师，退还私第，不得言政；并以张镐为相，再布新政。

杜甫闻之，如雷击顶。房琯与己为布衣之交，杜甫深知其人：中正刚直，虚怀若谷，为政素有清名。当朝衮衮诸公与其品德学识相比，不可同日而语。其对大唐之忠心天日可表。况今日官军与叛军决战在即，若以房琯昔日败兵而治罪，官军何人敢战？又况天下风雨飘摇，正值朝廷凝结人心、重用人才之际，焉能轻易惩戒一国之宰相？杜甫亦知，肃宗欲去上皇旧臣，借以巩固皇位。然今日之势，罢相之举必引起天下人心骚动，于社稷早日安定无益。杜甫亦知，自己位卑言轻，犯颜直谏亦难挽回房琯罢相的事实，然杜甫为其使命与责任所驱使，遂于朝堂之上，公然犯颜直谏。

肃宗怒掷杜甫奏折：“房琯败兵，若不为罪，唐律何在？”

杜甫回奏：“兵法云：胜败乃兵家常事。若败兵即治罪，何人尚敢复以再战？”

贺兰进明上前奏道：“败兵而不治罪，必使将士懈心，士气低迷。臣闻杜拾遗乃房琯布衣之交，与刘秩、李揖一党，朋比为奸，恳请陛下明察。”

尚书左丞崔圆亦曾与房琯有隙，附奏道：“贺兰大夫所言极是。晋时宰相王衍以清谈误国，房琯乃当世王衍。其身为宰执，置天下大事而不顾，日日与所谓雅人闲士弦乐清谈，结党营私，岂不误国？若此，大唐中兴何日可待？况其门客董庭兰收受贿赂之事已经御史台查证属实。”

满朝文武官员见肃宗满面怒容，面面相觑，皆不敢言。唯杜甫不屈，昂然再奏：“房琯少时既有清名，言及社稷黎民之难，义形于色。其忠心事国，天日可表，陛下不能以瑕疵而碎宝玉！况微臣又闻，董庭兰隐居山林数十载，志趣高洁。自于天宝年间，仰慕房公之美名而来，断不会受贿索官。必是有人妖言惑众，无端诬陷房公。”

肃宗闻奏，不由大怒：“小小谏官竟妄言军国大事，以骇人听闻之言蛊惑于朝堂，居心何在？尔数次上书，谏诤房琯无罪，然数万战死将士之魂魄何安？”

杜甫正欲再奏，却被肃宗打断。肃宗遂着旨御史台、大理寺及刑部对杜甫进行推问，严查其与房琯结党之事，欲以死罪置之。内卫上前，将杜甫当殿绑缚，押向御史台。杜甫突遭此变，依然不屈，回首金殿，呜咽叫道：“今风雨交汇之际，凝人心、振士气势在必然。此时罢相，必使天下人心骚动，不利社稷安定。望陛下明断……”

于御史台羁押中，杜甫写下《奉谢口敕放三司推问状》。言语虽诚惶诚恐，其心却坚如磐石，继续为房琯辩白。“房相素有美名，忠心天日可表。大唐自开国以来，宰相数十人，鲜有因细罪而贬黜者。今逆胡作乱，正是文武合力之时，焉能因细罪而重罚宰相？况甫为行在谏官，岂能静视朝政有失而无言？若言甫与房相之交，亦是慕其忠义，断非攀附权势。若言与其有谋，乃是谋图早日平息逆胡，拯天下黎民于水火，拥圣上还京，再振朝纲。甫九死一生而至行在，麻衣见天子，乃为此愿也！望大人明察。”审讯杜甫者乃颜真卿、韦陟等人，皆为忠良之臣，亦同情杜甫遭遇，纷纷上书为杜甫开脱罪名。新任宰相张镐亦以为杜甫乃刚直之臣，虽其谏言狂悖，然未失臣子本分，尽到了谏官的职责，遂亦上奏肃宗，言其无罪。肃宗想起杜甫昔日冒死投奔行在时“麻鞋见天子，衣袖露两肘”之危苦赤诚，遂纳宰相之言，恕杜甫无罪，又假意开恩，着杜甫回乡探亲。

又一次死里逃生！杜甫接旨，百感交集。自己尽忠恪职、真情恳言不仅未能阻止房琯被贬，还招致肃宗的厌恶和疏远。杜甫做不了“哑雀谏官”，更做不了“喜鹊谏官”，这种痛苦和尴尬使他难以于朝廷容身！自五月冒死赴行在，再于御史台羁押月余，至八月奉敕放归，杜甫于大唐朝廷舞台

■ 徒步北征

之上，短不足两月，便像昔日为天下正音的师旷一样，遭到朝廷无情地放逐！

杜甫身着青袍，背起行囊，因战事紧烈，没有马匹可乘，只好徒步北征。妻子所居羌村离凤翔七百里，杜甫艰难的人生跋涉又一次展开。杜甫有诗《徒步归行》，记下了“青袍朝士最困者，白头拾遗徒步归”之艰难历程。

一路之上，风悲日曛，蓬断草枯，天地为愁，凛若霜晨。杜甫不由想起昔日长安、洛阳之繁华，而今两京失陷，黎民流离，赤血千里，白骨盈堆，心中自是忧苦不堪。再想起唐肃宗求胜心切，朝廷竟以“克城之日，土地、士庶归唐，金帛、女子皆归回纥”的苛刻、无耻条件，向回纥借兵，与叛军决战，杜甫更是抱冰于怀，心中哀叹：大唐之女子，又将遭遇多少劫难！在凤翔至羌村数百里的徒步行走中，杜甫又一次目睹了由朝廷昏庸腐败所导致的“安史之乱”给黎民百姓带来的无穷灾难。

杜甫一路走去，思想不断穿越时空。想起数十年来，自己为实现少时“致君尧舜上，再使风俗淳”所付出的血泪和际遇，忽然洞悉了一个天大的秘密：给社稷和黎民造成灾难的寇盗，正是皇上！正是社稷和黎民之主宰者！社稷和黎民不能没有王者，就意味着国家和黎民永远躲不开灾难！现实之残酷，成了杜甫执着“致君”的梦魇！

于“安史之乱”发生之前，杜甫就已洞悉朝廷是致乱之源。玄宗在亲手酿造断送大唐盛世的苦酒。他重用奸佞，令朝纲废弛。李林甫“阴谋独秉钧”，内斗不断。杨国忠“炙手可热势绝伦”，搅乱全国。他好大喜功，妄开边事，令边塞将领坐大，尾大不掉，“渔阳豪侠地，击鼓吹笙竽。云帆转辽海，粳稻来东吴。越罗与楚练，照耀舆台躯”；他轻启边衅，斫伤国本，“朝廷忽用哥舒将，杀伐虚悲公主亲”；他生活荒淫，挥霍无度，“君臣留欢娱，乐动殷胶葛。赐浴皆长缨，与宴非短褐。彤庭所分帛，本自寒女出，鞭挞其夫家，聚敛贡城阙。圣人筐篚恩，实欲邦国活，臣如忽至理，君岂弃此物。多士盈朝廷，仁者宜战栗。况闻内金盘，尽在卫霍室。中堂舞神仙，烟雾蒙玉质。暖客貂鼠裘，悲管逐清瑟。劝客驼蹄羹，霜橙压香橘。

朱门酒肉臭，路有冻死骨。荣枯咫尺异，惆怅难再述……”

民已不民，国将不国，忧心如焚的杜甫“默思失业徒，因念远戍卒。忧端齐终南，澒洞不可掇”，不由悲从中来，不寒而栗。“致君”的努力让其发现了国家灾难的真相，真相又使杜甫洞悉了“致君”所难以逾越的障碍。“会当凌绝顶，一览众山小”的诗人杜甫，怀揣着自己无法解决、无法回避、无力回答的矛盾纠结，孑然一身，返回羌村。

儿女见父亲疲惫归来，欢喜大哭。杜甫手抚儿女，唏嘘不已。邻人知杜甫归来，皆来探望，连院落矮墙之上，亦爬满邻人。“遭逢乱世，流荡漂泊，想不到还能活着回来！”邻人纷纷感叹，又热情地为杜甫提来自酿的米酒：“杜大人莫嫌酒薄，孩儿皆出征于外，无人耕田种地，何来好酒？”杜甫亦放下身架，与乡邻闲话，互诉辛酸经历，感叹时局多艰、百姓涂炭。

杜甫知道，相对于整个北国农村而言，羌村已是乐土！遂以白描直叙的手法，写下《羌村三首》，将归家情景描绘得生动细致。真实再现了乱世生还、亲人相聚之时的百感交集。

杜甫暂时脱去了颠沛流离之苦，遂于清寒之中，于偏远的羌村守着妻子和儿女，暂享天伦。也许，杜甫漂泊太久；也许，杜甫一路北征太累；也许，杜甫于敌营、于行在太苦；也许他想睡会儿，也许他要静静等待……杜甫回至羌村不久，大病月余不起。

白日，杜甫与妻子儿女闲话；夜里，思想则穿过时空，回想着数十年的漂泊人生：痛心山河破碎，深忧民生悲苦，“乾坤含疮痍，忧虞何时毕”；遥想桃源中人避乱世外，深叹自己身世遭遇艰难，“缅思桃源内，益叹身世拙”；坚信大唐江山的基础坚实，期望唐肃宗实现大唐中兴……

国家正值动乱，黎民生活在水深火热之中，自己身为朝廷命官，却有闲专程探亲，有兴赏秋，有幸团聚，这让忧国忧民的杜甫哭笑不得！杜甫不断叹息、沉思，回味一路从朝廷所在的凤翔到家小所在的鄜州羌村之历程，从君王身边走向人民中间，杜甫如同从山顶走到谷底。

团聚

“会当凌绝顶，一览众山小”的杜甫，“忧端齐终南，澒洞不可掇”的杜甫，就着一豆灯光，怀揣着自己无法解决、无法回避、无力回答的矛盾纠结，凝聚着与国家、人民休戚与共的深厚感情，“肝肠如火，涕泪横流”，以“奉儒守官”的思想修养和“别裁伪体”的方式，以《北征》为题，痛定思痛，写下“上关庙谟，下具家乘”“博大精深、沉郁顿挫”“具一代兴亡，与《风》《雅》《颂》相表里”的政治陈情表：

皇帝二载秋，闰八月初吉。
杜子将北征，苍茫问家室。
维时遭艰虞，朝野少暇日。
顾惭恩私被，诏许归蓬荜。
…………

杜甫用诗歌体裁铺写之陈情表，是朝廷左拾遗向肃宗汇报自己探亲途中及到家以后的见闻感想。诗歌按照“北征”即从朝廷所在凤翔到其家小所在鄜州之历程，依次叙述：先叙离职之不安，次叙征途之观感，再述家室之情形，更论国策之得失，并归结于歌功颂德。此诗若上表奏章，写明年月日，谨称“臣甫”，恪守臣节；忠悃陈情，合乎礼数；尽其谏职，顺理成章。

此诗采用以赋为主、有比有兴之法，恰到好处地表现了本诗所包括的宏大的历史内容，显示出杜甫在诗歌创作上的杰出才能和浑熟技巧，足以得心应手、运用自如地用诗歌体裁来写出“博大精深、沉郁顿挫”的政治陈情表。

呜呼！盛唐诗人力破齐梁以来宫体之桎梏，至此已然冲破旧诗藩篱。杜甫此篇叙事诗结合时事，又加入议论，通诗与散文合一，波澜壮阔，前所未见，开后人以“笔”代“文”的先声。

杜甫因此诗，即可名垂宇宙、千年不朽矣！

八·贬斥华州

长安乃唐朝的政治、经济和文化中心，又是大唐皇帝先祖陵墓之所在。洛阳乃陪都，亦是漕运枢纽。长安、洛阳乃天下民心之所系！叛军攻占长安、洛阳之后，大唐局势急转直下，社稷危在旦夕。收复两京，对朝廷挽救危局、收拢人心意义重大。

肃宗即位，便以收复两京、围护祖陵为要事，召集诸路军马，又以“克城之日，土地、士庶归唐，金帛、女子皆归回纥”的无耻条件，向回纥借兵五千，良马万匹，合兵一处，欲与叛军决战。唐肃宗任命皇子李俶为天下兵马大元帅，郭子仪为副元帅，统引大军，兵临长安城下。不久，即收复了西京长安和东都洛阳。

杜甫于鄜州羌村闻官军收复了西京长安和东都洛阳，又闻肃宗已回长安，欢喜不已。急忙与家人收拾行囊，携家竟奔长安。一路之上，杜甫虽心思雀跃，却以冷静沉着之笔触，连作《收京三首》，以表其心，以尽其责。

曙光乍现

诗曰：

仙仗离丹极，妖星照玉除。
须为下殿走，不可好楼居。
暂屈汾阳驾，聊飞燕将书。
依然七庙略，更与万方初。
生意甘衰白，天涯正寂寥。
忽闻哀痛诏，又下圣明朝。
羽翼怀商老，文思忆帝尧。
叨逢罪己日，沾洒望青霄。
汗马收宫阙，春城铲贼壕。
赏应歌杕杜，归及荐樱桃。
杂虏横戈数，功臣甲第高。
万方频送喜，无乃圣躬劳。

诗中未作浮泛欢颂之辞，而以谏官之职分，痛定思痛。先重提上皇为叛军所迫，无奈离都入蜀之旧事，意指长安收复不易，希望君王自珍；再言其闻知肃宗下达哀痛诏之感受；最后写收京之后，恐回纥依约恃功邀赏、猖狂难治，诸将居功自傲、僭奢无度，更恐天下万方送喜，致使君主心懈，平叛勿尽。当天下人皆为光复两京而欢呼雀跃之时，唯杜甫却为国家未来作深邃思考，其忧国之心何其殷重也！

杜甫入长安，将家人暂时安置于杜陵桑曲，遂入宫见驾。肃宗见杜甫风尘仆仆而来，仍以左拾遗官职以待。

见叛军大势已去，昔日陷入叛军的伪官陈希烈、张垍等又纷纷上罪己文，欲归顺朝廷。肃宗以礼部尚书李岘、兵部尚书吕諲为祥理史，与御史大夫崔器会同三司审理，对昔日京师陷于伪官者以六等定罪，重典处置。杜甫以为，

“叛军攻入两京，天子巡幸蜀地，众官走投无路，为势事所迫，不得已尔。若以唐律重典，有失仁恕之道。况河南、河北的大片土地尚在叛军铁蹄之下，陷贼官员甚众。若朝廷从宽处置陈希烈、张垍等伪官，必使陷贼官员自惭，而欲立功自新。若将归降伪官全部诛杀，必使陷贼官员死心塌地附逆，而使叛军以死抵抗。”李岘以为杜甫所言无虞，遂上奏肃宗。肃宗怒道：“食朝廷俸禄，享先皇恩泽，不思图报，国有难而附逆行凶，焉能轻处？陷贼官员一律以六等治罪。陈希烈、达奚珣、边令诚等诸贼必以重惩。”

杜甫难忘昔日因房琯罢相而遭三司推问之旧事，亦深恨陷贼伪官之无耻，故不争谏。

惩恶必彰善。肃宗下旨，对随玄宗入蜀及灵武劝进、护驾有功之臣予以加官进爵，封赐食邑。收复两京，郭子仪、李光弼立下不世之功，特加郭子仪司徒，李光弼司空，并立广平王李俶为楚王。为彰忠义，肃宗着高僧大德为抗暴平乱而死的张巡、许远、颜杲卿等忠义之士超度，并封其子孙禄爵。为除旧布新，肃宗登上丹凤楼，焚香祈天，大赦天下，唯安禄山、李林甫、杨国忠之子孙不在大赦之列，且免去天下百姓一年的租、庸。时流放夜郎的李白亦因此次大赦，而“千里江陵一日还”……

李白“附逆”案于行在凤翔审理之时，恰杜甫省亲羌村。杜甫闻之，不由泣泪：“太白乃今世名士，性情高洁，遭此横祸，必愁闷不堪；又至花甲之年，流放途中必是艰辛无比，不知能否挺住？今不知其消息，焉不令人悲痛？”遂无心饮酒，急忙着书宰相张镐，以求援救……

然而未几，朝廷再次罡风突起，栋梁摧折。张镐被罢相！

张镐起自布衣，虽为救时之相，却勤政爱民，颇有政声，素得士子爱戴。望着张镐步出紫宸殿的苍松背影，杜甫知道大唐中兴之梦正在渐渐远去……

杜甫被视为房琯一党，自然也遭到严谴。乾元元年春，杜甫被朝廷罢免左拾遗之职，贬为华州司功参军。

杜甫于暮春之日，离开长安，于夏日来到华州。

华州乃周时郑地，战国时为秦、魏之境，秦置郑县。西魏废帝之时，改东雍州置华州，隋大业初废。唐武德初，复置华州。华州前据华山，后临泾渭，左控潼关，右阻蓝田，历为京畿要冲，关中重地。杜甫草草安置好家人，便就司功参军之职。司功参军掌考课、祭祀、礼乐、学校、选举、表疏等事。数年战乱，礼乐溃崩，乡学已废。衙门书案公文早已无人处理，堆积如山。杜甫焦急无奈，再加之自己由皇帝侍臣跌进微官之列，埋首堆案，情何以堪？

未几，去岁由杜甫向朝廷力荐而任职右补阙的岑参因公务至华州，带来杜甫舍弟来自山东平阴的家书。杜甫于乱世之中，忽得舍弟消息，不由神思回乡，老泪纵横，作诗曰：

风吹紫荆树，色与春庭暮。
花落辞故枝，风回返无处。
骨肉恩书重，漂泊难相遇。
犹有泪成河，经天复东注。

待岑参别去，杜甫于连绵阴雨之中，不断梦忆故乡。实际上，多年以来，杜甫无时无刻不思念家乡。洛阳故里就在华山之东，数年战乱，不知消息。伊洛河水悠悠依旧，陆浑山庄必是蒿草丛生；笔架山下，墨潭如月，瑶湾村中，不知故人影踪。杜甫思念离散兄弟，不知他们是否饥寒。思念故居，满怀有家难归的悲怆；思念洛阳，往日畅游之地，却成为戎马厮杀的战场！天涯游子，归期何日？烟尘弥漫，望断双眼……杜甫怅望家山，呜咽作歌。

重阳佳节来临，人人身佩茱萸，登高望远，遥寄思念。杜甫应友人崔季重之邀，前去蓝田崔氏东山草堂，与友人把酒话沧桑。年老悲秋，正因遭际，虽临佳节，亦强作欢颜。七律《九日蓝田崔氏庄》之诗，尽道杜甫的满腹忧情。

冬末，杜甫收到三弟杜颖的家书，言及战乱之时的思兄之情，希望杜

落寞归乡

甫回巩县老家探看。杜甫随即告假三个月，出华州前往洛阳探望亲故。自洛阳陷落，数年未回，浓重乡愁于杜甫心中堆砌如山。杜甫过华山，越潼关，经陕州，入函谷……一路所见：数里蒿荒，狐狼成群；衰草愁烟，乱鸦送日；旋风平起，乾坤倒转！杜甫心中的归乡兴致早被江山断残、民不聊生的现状所冲淡。

岁末，杜甫骑着一头瘦驴，和着风雪回到嵩山北麓、黄河与伊水交汇处的南瑶湾村。这是他最后一次回乡，也是他在家乡度过的最后一个春节。浓烈的乡情，熟悉亲切的乡音，使其创伤累累的心灵稍得安慰。同时，作为战乱重灾之地，记忆中的故乡也已经面目全非：在庭院废弃、新坟连片的故园，已经见不到一个青壮男丁。充斥耳目的皆是孤老的凄绝叹息，弱妇的哭天抢地，以及幼儿的啼饥号寒……

落寞之中，杜甫只好回到首阳山陆浑山庄。昔日土屋掩于荒草之中，空荡荡的旧庐唯有弟弟昔日书法还挂于墙上。流浪的老犬识得主人， 呜咽垂首偎依在床边……此情此景令杜甫伤心不已，遂以诗《忆弟二首》《不归》记之。回想当初仓皇逃难，未料竟成长别。“即今千种恨，惟共水东流。”“故园花自发，春日鸟还飞 。”“花笑人未笑，鸟归人未归。”……

杜甫独自于土屋小住，至春天之时方离家再赴洛阳。回到洛阳之时，望着山水依旧，人物凋零，残垣断壁，荒凉如斯，杜甫不由泪流满面。其于洛阳小住，知昔日旧友多已离世，更是感慨万千。

可惜，杜甫对国家和人民的美好祝愿，却又一次为残酷的现实所击碎！

唐军九节度使率兵二十万，围困邺城长达数月之久。因军中未设主帅，故而各自为战，攻城不力。史思明乃唐时名将，骁勇善战，颇负谋略。他引军邺城之北，隐蔽主力，只派数股精锐胡兵不时骚扰官军；再着小股军士巧扮官军，拦截拖延官军粮草，并放火焚毁。官军虽众，却不堪袭扰，疲乏已极。又缺衣少食，军心难免动摇。郭子仪见大势已去，只好退守河阳，拆去桥梁，以保洛阳。其数万朔方大军溃散，至河阳之时，只收拢万人。战马、甲仗遗失殆尽。洛阳城中官员和百姓惊闻官军大败，皆仓皇出逃，骇奔山谷，途中如织……昔日离乱之惨象再现。

杜甫闻听此讯，欲哭无泪，如雷轰顶，顿时惊呆！因心系家人，杜甫急忙离开洛阳，返回华州。当杜甫泪眼迷茫地与乡亲们、与笔架山依依挥别时，谁也没有料到，此乃杜甫与故乡的最后诀别。

九·长歌当哭

杜甫于归途之中，一路所见，逃难百姓衣衫褴褛，扶老携幼，皆如惊鸿，仓皇西去。心中忽然有一种异样的酸楚：兵荒马乱，朝不保夕，然百姓皆向西而去，因为夕阳落下的地方就是长安，就是圣上和朝廷所在之地！在百姓生死存亡的关头，他们依然期待着皇上眷顾，期待着朝廷保护！这是多么驯良的百姓，这是多么忠诚的臣民！然杜甫内心却有一个声音在回应：正是昔日皇上昏庸，正是他不恤黎民社稷，重用佞相，宠信边将，姑息养奸，养虎贻患，方将他的子民推向苦难的深渊！杜甫念及此处，不由泪洒西风。

夕阳若一颗冬天院落里的柿子，凄然照着一方破败的新安县城。青山耸立，白水东流，杜甫满怀忧心，惆怅入城。入城后前行不远，就见衙门前面人头攒动，哀号震天。杜甫急忙下马，惊问其故。小吏太息，惆怅道：“今官军邺城新败，军卒死伤无数。急需兵源补充，重振旗鼓。朝廷有旨：‘壮丁征尽，次选少年。’新安地处两都之间，屡经战火，壮丁皆已出征，

夜遇抓丁

只好再征少年。”杜甫望着眼前这群稚气未脱、面黄肌瘦的孩童，不由想起胡兵的高马弯刀、利剑长矛！因而止不住涕泪长流。望着这群身材短小、面庞稚嫩的孩童们的背影，渐渐消失在苍茫暮色之中，杜甫忍不住赋诗《新安吏》相送。

客行新安道，喧呼闻点兵。
借问新安吏：县小更无丁？
府帖昨夜下，次选中男行。
中男绝短小，何以守王城？
肥男有母送，瘦男独伶俜。
白水暮东流，青山犹哭声。
…………

白水在苍茫的暮色中向东呜咽流去，孩子亦在亲人无奈的泪眼中向东进发。天地无情，青山犹哭。无奈的杜甫只好在心中祈祷：但愿这些孩子抵达军营后，能得到将帅们父兄般的关爱！已经失去丈夫和孩子的母亲们，也请你们止住泪水：岂不闻为国守土、为君尽忠，匹夫有责？逝者已去，留者还要活下去，活下去就有希望……

杜甫胸怀冰炭、眼含泪水走出新安县城，向着苍茫的暮色深处继续西去。至陕县之时，已是夜深。杜甫累乏不堪，投宿在石壕村一户农家。不料，却又遇到差吏抓丁，一夜难眠。杜甫遂将所闻所见写入《石壕吏》：

暮投石壕村，有吏夜捉人。
老翁逾墙走，老妇出门看。
吏呼一何怒，妇啼一何苦。
听妇前致词，三男邺城戍。

一男附书至，二男新战死。
存者且偷生，死者长已矣。
室中更无人，惟有乳下孙。
有孙母未去，出入无完裙。
老妪力虽衰，请从吏夜归。
急应河阳役，犹得备晨炊。
夜久语声绝，如闻泣幽咽。
天明登前途，独与老翁别。

此诗叙事详略得当，结构完整，通俗流畅；情深意远，毫不雕琢。将复杂曲折之事，集中于一朝一夕。通过老妇之言，抨击官吏之蛮横、黎民之苦难。杜甫和泪以诗，忧心齐天。后人以为此诗字字皆为血泪！“举一石壕，而唐家百二十州，何处非石壕！举一石壕之吏，而民间十万虎狼，又何一非此吏！即所见以例其余，为当时痛苦而道也！”

杜甫继续西行，抵至潼关。潼关之上，乌云密布，旌旗猎猎。万千兵士于闷热之中，手握镐锹，整修工事。邺城失利，官军退缩，叛军乘势而来，欲以再夺长安。潼关天险乃是长安最后的屏障，故而，官军层层设防，坚固工事。杜甫望着潼关，不禁想起三年前官军于此惨败，十万将士殒命，大帅哥舒翰受缚处死之旧事：哥舒翰本拟凭险拒敌，朝廷却自毁长城，杀名将高仙芝、封常清，再逼哥舒翰抱病出关迎战，遂使全军覆没。杜甫忧心不已，以为战事由人主宰，而非工事坚固。杜甫以《潼关吏》之诗，告诫将士切莫再蹈覆辙。

杜甫继续向华州而去。路途之中，再遇初嫁女子正与新夫辞别。其语：“兔丝附蓬麻，引蔓故不长。嫁女与征夫，不如弃路旁。”九曲回肠，沉痛愤激；频频呼君，一声一泪。杜甫感伤而作《新婚别》记之。又见老翁激愤从军，老无所养之悲鸣撼天动地。杜甫再作《垂老别》记之。更有刚从邺城溃散而回的老军，九死一生回到日思夜想的故里，却不料村庄早已颓败，满目蒿草丛生，野狐成群；空巷无人，阴森可怕，宛如走进人间地狱。然家乡虽已荒废，但毕竟是生身热土。老军怀着鸟恋故枝之心栖身，战胜贫穷与孤独，并趁着开春时节，垦荒浇水，重整家园。不幸仍为官吏得知，将正在田间劳作的老军再征兵营。临行之际，老军环顾空室，再望着空荡荡的村庄，竟无人话别！老兵悲沁骨髓，不由仰天长啸“人生无家别，何以为蒸黎”！一个人活在世上，却无家可别，何以称得起是天子的百姓！天地之大孤独和大悲哀莫过于此！杜甫惊闻，已是声泪俱下：人生无家别，何以为蒸黎？

杜甫自洛阳返回华州途中，所作“三吏”“三别”诗，皆言黎民人生之酸楚苦痛。其以血泪成就的诗篇，震撼着一代又一代善良人们的心灵。杜甫上痛国难，下悯人心，心如日月，照彻寰宇。其诗中所反映的矛盾：胡兵叛军对中原百姓烧杀抢掠，民族间的矛盾惨烈空前；大唐朝廷虽国难当头，却不恤黎民，进一步将社会灾难推向人民。二者之中，尤以前者更甚。故而，人民虽含怨恨，背负着如此沉重的负担和屈辱，却义无反顾、毅然决然地投身平叛。这是多么忠诚而无私的人民，这是多么伟大的人民！杜甫于诗中将其爱国爱民之心淋漓彰显；将其现实主义诗歌的艺术表现手法运用得炉火纯青。

于诗中所见，杜甫于长安奔波数年，备尝辛酸，今日终于走出小我！若言昔日杜甫只为个人寻求出路，今日之杜甫则终于看到社会矛盾之根源！他要像巨人一般，为君王与黎民化解矛盾，为危机四伏的王朝寻求出路！杜甫已不为自己的命运而呼号，他要为天下之命运而呐喊！杜甫视天下为己任，精神阔大，忧国忧民，其诗歌已经熊熊燃起大爱之火！

《新安吏》《石壕吏》《潼关吏》描述了三幅战乱灾难图。此三幅图画交叠在一起，使人愈觉沉重和残酷，也愈发感到悲绝！后人评曰：“非亲见不能作，他人虽亲见亦不能作。公以事至东都，目击成诗，若有神使之，遂下千秋之泪。”组诗之中，一颗充满矛盾痛苦、饱含血泪、悲天悯人之心，宛如皓月，照彻千年！

杜甫于暮夏回至华州任上，华州刺史郭同着杜甫草试进士策问，内容涉及赋税、运输、农田、水利、军饷、鼓铸、治体等。其欲为数个贡举徇私，遭杜甫严拒。杜甫昔年深受“野无遗贤”之祸，更知治国之要在于选拔贤能，焉能任其胡为？再加之，去岁杜甫曾为其代写奏折，虽得朝廷赞许，却使其私下更加嫉妒杜甫之能。刺史郭同遂向李辅国暗告杜甫之罪，言杜甫因朝廷贬斥而心存怨恨，故常以诗攻击朝廷。一个因正直被贬的诗人，一个靠卑鄙伎俩升迁的上僚，杜甫心中之屈辱与不平，可想而知。杜甫心情沉重，郁愤塞胸，顿觉华州之地如同囹圄。杜甫《题郑县亭子》中有“巢边野雀群欺燕”之诗句，透着几多无奈与悲酸。杜甫遂萌生辞官之念。

恰于此时，昔日好友大云寺赞公于秦州来书，言及秦州荒凉、清净之美，力邀杜甫携家前往。

杜甫决意西入秦州，遂于书案之上留诗一首，携家人悲怆西去……

然而，由于杜甫孤贫，就连客居秦州亦成梦想。原因是其家人众多，杜甫于秦州采药、卖药亦无法维持家人的生活，多亏从侄杜佐和隐士阮昉的接济，使其暂免饥寒之苦。但靠人救济总是有限，况从侄家境亦不富足。更让杜甫难以忍耐的是：于此地所产生的孤寂与落寞常使自己夜不成寐！秦州离长安千里之遥，对于念念不忘社稷黎民安危的杜甫如同天之尽头！于秦州日见黄云白草，夜闻羌笛胡笳，好像身处另一个世界，闻空谷回音亦黯然泪落之情，时时萦怀。杜甫思念长安，思念故乡，思念亲友！尤其是在凄风苦雨的寒夜，闻听西域番兵因中原战急而东征的角鼓之声，杜甫更是彻夜难眠，忧思愈甚。

恰于此时，离秦州不远的同谷县县令乃杜甫昔日于长安集贤院旧交，来信邀杜甫前去同谷寄居；并言其仰慕杜甫诗文大才，已辟地数十亩，正为杜甫于栗亭营建草舍，云云。正值困顿之中的杜甫眼前顿现一道曙光，满心欢喜以为“栗亭名更嘉，下有良田畴。充肠多薯蓣，崖蜜亦易求”，遂携家人，怀着“无食问乐土，无衣思南州”之心，“发秦州”，赴同谷。

十月的秦州已是寒风凛冽，黄叶飘零。依旧是老马旧车，依旧是苍茫古道……望着前来送行的赞公，杜甫满含凄怆之色，写下《别赞上人》留与赞公，以此告别。

如诗中所言，杜甫因正在经历的和即将要面临的更加漂泊不定的生活，想来十分惆怅。“夫子何为者？栖栖一代中”，莫非天命如此？杜甫对赞公无辜受到迫害而不平，更对赞公无论何时何地皆能坦然面对不幸与苦难，表露出敬佩之情。杜甫以为，此乃赞公修得正果之明证。杜甫感怀自己与赞公历遭劫难之后仍能有缘于他乡重逢，愉悦之情溢于言表；想到眼下已临漫长严冬，自己无奈还要移地换土，居无定所，一番悲怆凄凉又涌上心头。实际上，杜甫心中多么思念故乡，然故土难回！最后，言自己与赞公皆近年迈，还望今后各自多多保重。字里行间无不流露出此生不能与赞公卜邻的惋惜和忧伤……

乾元冬月，杜甫应同谷县宰之邀，离开秦州，踏上希望之路。怀揣着“无食问乐土，无衣思南州”之梦想，杜甫携家人“中宵驱车去，饮马寒塘流。磊落星月高，苍茫云雾浮”，自午夜沿冰路从秦州出发，南下同谷。之所以夜间上路，皆因北方天寒，夜间泥泞成冰，道途好走。此时孩子们已在梦中，杜甫望着天上的灿烂星月和山峦间浮动的苍茫云雾，不禁仰天长叹：“大哉乾坤内，吾道长悠悠！”

翌日，杜甫一家行至赤谷，自赤谷向南便进入险阻山地。路上乱石堆积，唯有一条车辙可以勉强通过。杜甫长叹一声，于凛冽风中继续前行。“乱石无改辙，我车已载脂。山深苦多风，落日童稚饥。”道路难走，杜甫不断为车轴抹进油脂，加之山深风紧，时有覆车之虞。太阳滚落下山后，孩子们因饥饿而哭泣，但村墟依然遥远，依稀烟火似不可及。杜甫此行只有前行而无归途，而前行之路又在何方？想来不禁忧心忡忡：“常恐死道路，永为高人嗤。”其生且难顾，还须顾及死后的颜面，真乃苍凉凄怆之极！

行至铁堂峡，顿见山如精铁凝聚，寒意陡升。山势突起，峡谷险绝，朔风凌厉，寒彻骨缝。颠簸的马车沿着一条崎岖山径艰难前行。看着山径盘入苍穹，眺望着山顶上的太古积雪，杜甫不由潸然泪下。一家人神色惨淡地在曲谷中行走，谷底长冰横路，马骨几乎冻折。想到生逢乱世，叛贼猖獗，国事未宁，自己多年飘荡流走，宛如风中枯叶，杜甫只能将苦痛寄于竹管，化为诗句！

进入成州长道县，其城东数十里处有盐井。望着“卤中草木白，青者官盐烟。官作既有程，煮盐烟在川”的场景，望着络绎不绝的运盐车吱呀而去，杜甫深深感受到盐商于战乱之中还在盘剥着黎民，不由发出人情趋利、世风日下之喟叹！

当法镜寺出现在眼前之时，杜甫方得以一破愁颜。“身危适他州，勉强终劳苦。神伤山行深，愁破崖寺古。”荒山古寺，风景秀丽：“婵娟碧鲜净，萧摵寒箨聚。回回山根水，冉冉松上雨。”赤色寺梁半映霞光，明艳门窗历历可数。耳边虽闻子规啼叫着“不如归去，不如归去”，杜甫仍拄杖驻足，良久不去。多么希望自己能化作一只子规鸟，永远栖在寺中的枝头，与白云松月为邻，而不再向前赶路。而杜甫注定要赶路！杜甫注定要去寻找心中的乐土！

穿过风雪饥寒，穿过生死，杜甫一家终于来到同谷。却不料那位写信相邀的“佳主人”却于数日前接到朝廷诏书，远调异处，杜甫与其竟不得相见！其为杜甫创建的草庐尚未完工，孤零零兀立于荒野之上，于大雪之中，宛若招魂白幡！

杜甫哭天无泪！一家人只好冒着大雪，勉强将茅草覆顶，暂为栖息。长途跋涉月余，一家人早已累病，饥寒和困苦压在身上，绝望和哀伤齐涌心头。杜甫一家此时完全陷入饥寒交迫、命悬旦夕的水深火热之中。那组催落过无数人同情之泪的“同谷七歌”（即《乾元中寓居同谷县作歌七首》）于斯破喉而出：

有客有客字子美，白头乱发垂过耳。
岁拾橡栗随狙公，天寒日暮山谷里。
中原无书归不得，手脚冻皴皮肉死。
呜呼一歌兮歌已哀，悲风为我从天来。
长镵长镵白木柄，我生托子以为命。
黄独无苗山雪盛，短衣数挽不掩胫。
此时与子空归来，男呻女吟四壁静。
呜呼二歌兮歌始放，邻里为我色惆怅。
有弟有弟在远方，三人各瘦何人强。
生别展转不相见，胡尘暗天道路长。
东飞駕鹅后鹙鸧，安得送我置汝旁。
呜呼三歌兮歌三发，汝归何处收兄骨。
有妹有妹在钟离，良人早殁诸孤痴。
长淮浪高蛟龙怒，十年不见来何时。
扁舟欲往箭满眼，杳杳南国多旌旗。
呜呼四歌兮歌四奏，林猿为我啼清昼。
四山多风溪水急，寒雨飒飒枯树湿。
黄蒿古城云不开，白狐跳梁黄狐立。
我生何为在穷谷，中夜起坐万感集。
呜呼五歌兮歌正长，魂招不来归故乡。
南有龙兮在山湫，古木巃嵸枝相樛。
木叶黄落龙正蛰，蝮蛇东来水上游。
我行怪此安敢出，拔剑欲斩且复休。

鸣呼六歌兮歌思迟，溪壑为我回春姿。
男儿生不成名身已老，三年饥走荒山道。
长安卿相多少年，富贵应须致身早。
山中儒生旧相识，但话宿昔伤怀抱。
鸣呼七歌兮悄终曲，仰视皇天白日速。

其于板荡之时所发出的血泪之声、凄怨之鸣久久回荡于这方天地之间，悲彻千年！其一言个人悲哀，其个人悲哀亦是天下黎民之悲哀。杜甫瘦骨嶙峋，白发乱垂，于日暮山谷之中，若猿猴一般捡着橡栗以填枯肠。寒风凌厉，将其手脚冻得皴裂坏死。杜甫不由想起家乡，想起家乡正值战乱，无书难回，又不禁泪落北风。二歌黄独无苗，于大雪之中，难以挖掘寻找，只好负铲回家，而家人无黄独充饥，但见儿女呻吟，四壁空荡。三歌、四歌怀念兄弟与妹妹，胡尘暗天，生死难见。尤其自己的寡居小妹，于乱世之中生活何依？长兄于天涯一角，饥寒交迫，徒有长叹！五歌、六歌写冬日回春之时，却见满山遍野兽虫当道，世相混乱。自己年老体衰，何以抵御？生活环境如此不堪，真乃生不如死！七歌乃组诗终曲，喟叹蹉跎岁月。自己已至暮年，生命之路已至绝境。无限凄怆，哀音不绝；顿挫淋漓，长歌当哭。

《同谷七歌》乃凄凉沉郁、哀壮激烈、不能自已之作，“声声悲歌反复弹，泪尽难干血续还”地集中抒发其身世飘零之凄怆，以及对生命的透彻省视。其悲伤愤激之情若滔滔江水，一泻千年！于《同谷七歌》诗中，后人方能体会杜甫那承载历史的大起大落及铮铮铁脊是如何炼成！

苍天何其薄也！一场突如其来的大风雪又将荒野之上杜甫一家栖息的草舍掩埋。于寒冷之中，杜甫携家只好再觅归处。猛然想起同谷东南凤凰山，“山峻，人不能至其顶”，杜甫的思绪顿时被触动起来：难道今日历尽艰辛至此，凤凰山要给自己一个人生启示？古时皆以凤凰象征祥瑞，凤凰出则天下平！杜甫少时即以凤凰为精神图腾，故引着家人来到凤凰山下。有

一无所获

感于动乱时局，又出于对和平、美好生活的向往，面对凤凰台，杜甫忽发奇想：“安得万丈梯，为君上上头。恐有无母雏，饥寒日啾啾。”杜甫幻想着山顶有雏凤，只是无母照料，饥寒难耐。为了救助这只能给人间带来祥瑞的雏凤，杜甫愿意剖心献血，供雏凤饮啄，让其长出彩羽，翱翔天下，“再光中兴业 ，一洗苍生忧”。无疑，杜甫于此想到了“周公吐哺，天下归心”之旧事……虽远离长安，然杜甫对社稷和黎民片刻亦未忘怀！一颗赤诚之心若天上寒星，一直照着大唐暗夜。

杜甫与家人再迁栖凤凰村，于万丈潭边砥砺情志，以期“何当暑天过，快意风云会”！

山上若有凤凰飞翔，潭底必有蛟龙潜吟。杜甫于万丈潭边，做着连绵的梦……

杜甫梦见自己若一片枯叶飘旋于正在交锋的叛军与官军两军阵前，手持一管竹笔，以用诗歌编制的盾牌抵御着盘马弯刀的侵袭，以泪水和诗歌呼唤着两军将士放下刀枪！最后，自己的声音和诗歌被淹没在刀枪剑戟的撞击声中，瘦骨嶙峋的身子亦被掩埋在累累尸骨之下……杜甫最后发出的深深叹息之声，于宇宙之间和着凄厉北风，呼啸而去……

杜甫身于凤凰台下，心却时常随着天空的鸟翼不断飞翔，回到满目疮痍的家乡。他仿佛看到官军正在节节胜利，看到四处燃烧的烽火正在逐渐熄灭。杜甫于无数次的梦中回到两京，于骀荡春风之中，晨兴理荒秽，收拾旧薄产……

于凤凰台与万丈潭之间，于高山与深壑之间，于如此饥寒交困之中，杜甫再次以超越个人肉体苦难的目光和情思，将自己推向更为广阔的社会人生。杜甫没有斤斤计较于个人之不幸，而是由己推人，每每都会想到那些比自己更为艰难的士兵和百姓！

与世隔绝的静寂和孤冷，使杜甫与自己的心灵不断展开对话。杜甫以凌驾于万物之上的姿态，对国家和人民的前途与命运做着冷峻的思考；以超越肉体苦难的极限，将人生的精神实质归纳起来。杜甫以其内心强大的巨人意识和仁爱之心，将所有的苦难化成诗歌；以爱国恤民为强大动力，将家国矛盾异中求同；以强烈的忧患意识和博大的宇宙观，将反抗暴君、强政、战争、压迫、不公为己任，以追求自己心中鸣琴而治、以诗教化、人与大自然相融共生的人生理想。

杜甫无疑是一个时代的先驱！那颗被破衣烂衫包裹着的滚烫之心，无疑是那个充满黑暗和阴霾时代唯一的良心！杜甫以贴近现实、有血有泪之动地歌吟，展示出自己人格的高贵与清美，将黎民的不幸遭遇寄于大慈大悲、仁者情怀！杜甫将自己爱国恤民的无上情感凝成诗歌，珠玑般的字句若千万火炬，将银河两岸的星光点亮，将大唐漆黑的天空撕开一线亮光！

杜甫艰难地行走在大唐崎岖不平的道路上，以诗歌为柳条，用自己的心血和泪水浇灌着，一路走去，挟着希望，播散光明。就这样，杜甫和他的诗歌从千年深处走来，走向今天和未来，走向我们和全人类的心灵，走向中国和整个世界！

十·应邀入幕

春天依然遥远。

凤凰山积雪不化，万丈潭结着坚冰。望着日渐消瘦的妻儿，想着他们如豆的生命之火随时可能被寒风熄灭，杜甫终于决定离开同谷。

中原战乱不息。只有前面的蜀地尚无烽火，只有前面更为崎岖的蜀道在等待着杜甫，他别无选择！

在一个寒冷冬日，杜甫一家离开同谷向南走去，向心中温暖的春天走去。

约行百里，至木皮岭。杜甫惊见："远岫争辅佐，千岩自崩奔。始知五岳外，别有他山尊。仰干塞大明，俯入裂厚坤。再闻虎豹斗，屡跼风水昏。高有废阁道，摧折如断辕。下有冬青林，石上走长根。"他站在岭腰，环顾四周：群峰奔涌，层峦叠嶂；仰头望去：山巅横亘，阴云盖顶；俯首下视：深渊万丈，藤萝密布。悬崖峭壁之间，残留着的废弃栈道似云雾之中的飘带……山势如此险峻！一家人翻越之艰难可想而知，"汗流被我体，祁寒为之暄”。时当冬月，天寒地冻，但众人皆因路途艰难，紧张行走以致汗流浃背。杜甫无奈自嘲：“觉得冬日欲尽，天气回暖。”

翻过木皮岭，面临嘉陵江。杜甫两渡此江，写下《白沙渡》《水会渡》二诗。前首写暮渡，后首写夜渡。诗中尽显江面浩渺，洪涛汹急，渡江艰难而忧心千结。然暮、夜两次渡江之时的景物与心情又同中有异。水会渡乃嘉陵江的渡口，前面就是一泻万里的长江，身后就是高视千秋的长安。杜甫与家人漂泊水上，想到人生运命如此，不能掌控，不由胸中块垒若波涛汹涌。

渡过嘉陵江以后，便踏上远古栈道。蜀地栈道建在江峡绝壁之间。古时蜀人出川无路，乃穷其心志，自绝壁之巅，缒索而下；于绝壁当腰，凿石为洞；插以横木，上铺木板，下树立木，直达江岸。古人开辟栈道，不知耗费多少心血，又殒殁多少生命。栈道绕峭壁而成，阔约四尺，高不盈丈，一面临江，三面石壁。阔处可容独车，狭处仅通孤骑。时有索桥横跨江面，时有石阶穿行谷中。峡中气候多变，常有白雾弥江，急雨骤至，路径湿滑，不易行走。山中又有狼虫虎豹，时常横卧途中。加之，江水日夜冲击，立木常有腐朽不稳；风雨四季洗剥，横木亦难久坚。古之出入蜀地者闻之皱眉，望之心惊。虽有栈道，非不得已，皆不愿踏上此途。他们宁走水路，尽管常有覆舟之虞。然杜甫和家人没有选择：栈道乃古时由汉入蜀的必经之路，舍此并无他途。

这是杜甫一生中最危险的行程。他们步履维艰地踟蹰于云雾之间，将生命悬在这条如丝的生死线上，心中的凄怆和惶恐难以表述。杜甫带着家人于栈道之上行走数日，危若累卵，命悬一线。其以诗记下了这场惊心动魄的人生旅程。

寒风呼啸，飞仙阁栈道颤危，众人扶峭壁而行，悬生命于旦夕之间。驻足歇息，举目四望：群山万壑间斜生着稀疏林木，山涧里奔流着如带溪流，寒日于山外悬着淡影，长风于山谷猛烈呼号……阴森惨淡，令人心寒。中途歇脚于低洼之处，仰望经过的栈道，仍心有余悸。杜甫一家与南来北往的行客混坐一起，疲乏不堪，深深感受到了生命的困苦和无奈。

杜甫与家人继续艰难前行，终于在一个冬日黄昏，沐浴着夕阳余晖，走进“天府之国”成都。

成都古为蜀地。秦时兼并蜀国，建立蜀郡并建郡城。秦王取周王迁岐“一年而所居成聚，二年成邑，三年成都”之意，定郡城为成都。秦时蜀郡太守李冰开凿位于岷江干流之上的都江堰水利工程，其灌溉渠网呈扇形展开在广阔的成都平原上，使成都平原成为“水旱从人，不知饥馑”的天府之国。汉时，因成都“蜀锦”被视为上贡珍品，织锦业发达而专设锦官管理，故有“锦官城”之称，又称锦城。

成都大城，岷江相绕，峨眉西横；接巴渝，连陇右，下岭南，起西康，重重关隘；沃野千里，繁花簇拥，瓜果遍地，蜀锦如云，乃是人间天堂。成都少城更是楼阁如山峦相拥，店铺鳞次栉比；青楼画阁，绣户珠帘；雕车竞逐于天街，宝马争驰于御路；金翠耀目，罗绮飘香；新声巧奏于柳陌花衢，按管调弦于茶坊酒肆；数条大街人流熙攘，喧声不绝，商贾云集，繁华异常。时天下有“扬一益二”之说。成都经济发达，促使文化繁荣、佛教盛行。昔司马相如、扬雄、枚乘、王褒等人于此兴起汉赋，佛教、道教、儒教于此交汇共融。加之，唐玄宗数岁前避安史之乱而至成都，依照长安格局新建宫殿，使成都更加富丽堂皇，面貌簇新，俨然成为大唐皇都。

杜甫望着华丽而陌生的成都，闻听着异地人声，遥想从此将长居于此，永别故乡，更感慨鸟雀尚有枝可栖，而自己却茫然不知归处，惆怅而吟：

翳翳桑榆日，照我征衣裳。
我行山川异，忽在天一方。
但逢新人民，未卜见故乡。
大江东流去，游子日月长。
…………

杜甫一家至成都之时，正值上元元年年关将近。街市之上，悬灯挂彩，鼓乐不绝，车水马龙，人流如织，与中原乱世天地迥异！杜甫于赴成都途中，曾于鹿头山分别致诗故友高适、裴冕等人，以“入境送邦君”等诗句表明自己的投奔之意，却不得应答。望着滴血残阳，苍苍暮云，再闻听枝头乌鹊噪噪及不远处传来的关辅饥民的呻吟和哭泣声，杜甫触景生情，暗自喟叹：若有一间茅屋，遮挡风雨，供家人歇息，无惊无扰，该是天大幸事！

望着凄凉新月，杜甫踌躇良久，顿足转身，只好先携家人前往成都城西浣花溪边草堂寺，投奔昔日布衣旧交，再与成都尹裴冕及担任成都司马的表弟王十五联络。

裴冕其人虽无学术，却守职通明，果于临事，早年为权臣王鉷的宠臣。王鉷被诛之时，数百门客皆慑于李林甫、杨国忠之淫威，不敢收尸。唯裴冕独自护丧，葬王鉷于京郊。其义士之举甚得士子之心。后为河西节度使哥舒翰表为行军司马，累迁员外郎中。安史之乱，玄宗幸蜀，裴冕与杜鸿渐、崔漪等人于灵武劝太子进大位，而以定策之臣迁中书侍郎，肃宗倚以为政。裴冕虽无寸功，又奢靡无度，然其性情忠勤，善于逢迎，故能于数年之内扶摇直上，官封国公，而今坐镇巴蜀。裴冕乃杜甫昔日于长安集贤院旧识，又与杜甫同在凤翔行在为官，其尚念旧交，以儒家长者之风，安慰杜甫：“蜀地时下尚算安宁，可于此暂住。我当尽力给予子美照顾。”遂先着下人为杜甫于浣花溪边草堂寺辟下数间僧舍，再着数亩荒地，暂置杜甫家人。最后，裴冕又道：“子美若有长居之意，我再着人为子美辟地起屋。”

辞别成都尹裴冕，杜甫恍然于梦中。一路之上，心中不断回响着裴冕“若有长居之意，我再着人为子美辟地起屋”之语，心绪激动异常，如同闻听整个天空之下皆回荡着“辟地起屋”之雷声！杜甫漂泊将近一生，如同冬日一只孤寒的麻雀，从一个枝头跳到另一个枝头。其于生活的寒风之中，时常听到枯枝断裂的声响。“辟地起屋”是其终身梦想，是其联系着土地与尘世之脐带……杜甫曾为心中的屋舍幻想过、描绘过无数次蓝图：

几间草舍，避风朝阳；舍前柴扉，映着溪水；舍后根基，倚着小山；院落里，几丛斜竹扶细雨；花坞处，数朵芙蓉摇轻风……穿过淅淅沥沥的小雨，杜甫梦游般回到草堂寺，一连数日做着同一个梦！

时昔日故友高适任彭州刺史，刘秩任阆州刺史。二人闻杜甫入川，皆来书问候，并捎来钱资。裴冕为杜甫一家提供米粮，乡邻不时赠与菜蔬。杜甫携家又于僧舍前的荒地上种植药材，间或去山中采药，生活渐趋平静。表弟成都司马王十五更是表现出“他乡遇故知”的热情，不时为其送来碎银、米酒，并安排杜甫四弟杜占于衙门做杂役，了却了杜甫一桩心事，让其于乱世之中得到一丝慰藉。

一日，杜甫与表弟对饮。耳热微醺之时，杜甫终于将压在心中数十年的梦想托出：“若有草舍数间，遮风避雨，止下苦旅，停泊心灵，焉不喜之？”表弟闻言，感慨道：“兄乃大才，却无立锥之地，天朝之辱也！数日之前，冀国公有言，欲为兄长起屋，并言此屋必与扬雄之宅同样不朽也。”杜甫倚着酒兴，亦欢喜道：“为兄诗文千篇，皆可入目。若有草堂储之，异日必为寸方圣土。”

杜甫虽运命多舛，却对自己的诗歌成就从不怀疑。其《北征》《述怀五百字》《三吏》《三别》《从军行》《丽人行》《哀江头》《发秦州》《发同谷》等诗注定将与日月同存，注定将成为浸润人类心灵深处之甘露！

未几，成都尹裴冕辟成都西郊浣花溪边一方荒地，专为杜甫起屋。杜甫生平最大愿望即将实现，焉不激动万分？不由怀揣亲自绘下的蓝图，一路探访幽境，兴致盎然以《卜居》描绘将建草堂之所：

浣花溪水水西头，主人为卜林塘幽。
已知出郭少尘事，更有澄江销客愁。
无数蜻蜓齐上下，一双鸂鶒对沉浮。
东行万里堪乘兴，须向山阴上小舟。

在诗中，杜甫幻想着江流曲折，林木幽静，远离城郭、避开喧嚣尘世的自己，每日望着明净江水，一洗心中忧烦。江面之上，永不停飞的蜻蜓与水鸟，自由翻飞，多么让人向往。杜甫再幻想着浣花溪流入大江，直通吴越，来日自己亦可乘兴揖舟东去……多么美好而快意的想象，恰如其分地道出了杜甫心中梦想。

可能在后人看来，草堂不过是一个象征性的意象，是杜甫贫困、潦倒、漂泊之写照。草堂自建成之时，就一直处于风雨飘摇之中，像安史之乱中的唐朝山河和黎民生活一样。然草堂却如同一块磁石，抑或一种象征，将其忧国忧民的情怀、心忧天下的志士精神、高尚的民族情操和恒定的个人意志蕴涵于斯！故而，杜甫草堂自诞生之时，就成为后人的心灵朝圣之地、精神升华之所！

来年春天，草堂已是绿意盎然：郁郁笼竹，含烟滴翠；森森古楠，遮天蔽地。“风含翠筱娟娟净，雨浥红蕖冉冉香。”更有院中菜畦药圃灿烂一片，堂前四株小松生机勃勃，使杜甫倍感欣慰。

经过长达数年的颠沛流离之后，杜甫总算停下漂泊的脚步，暂得片刻安宁。然而，山河破碎、生灵涂炭的现实，却时时撞击着杜甫的心灵，使其无法宁静。杜甫时刻关心着战局，多么希望天下能早日结束战乱，安定和平。从《野老》等诗中，足见其心系天下之大爱情怀。

草堂建成未几，曾给予杜甫多方照顾的成都尹裴冕被调任回京，朝廷派李若幽接替。李若幽昔为朔方名将，因战功卓著而累迁京兆尹。时吐蕃欲进窥西川，故朝廷遣李若幽为成都尹兼剑南节度使。裴冕入朝，高适、严武任所皆与成都路遥，表弟王十五亦调任京畿，无故人供钱米，杜甫的生活很快再次陷入困顿。

杜甫家人众多，于成都无地可耕，无禄可取，指望一家人采药寄市，生活不免捉襟见肘。杜甫曾于《狂夫》一诗中道其生活窘状：

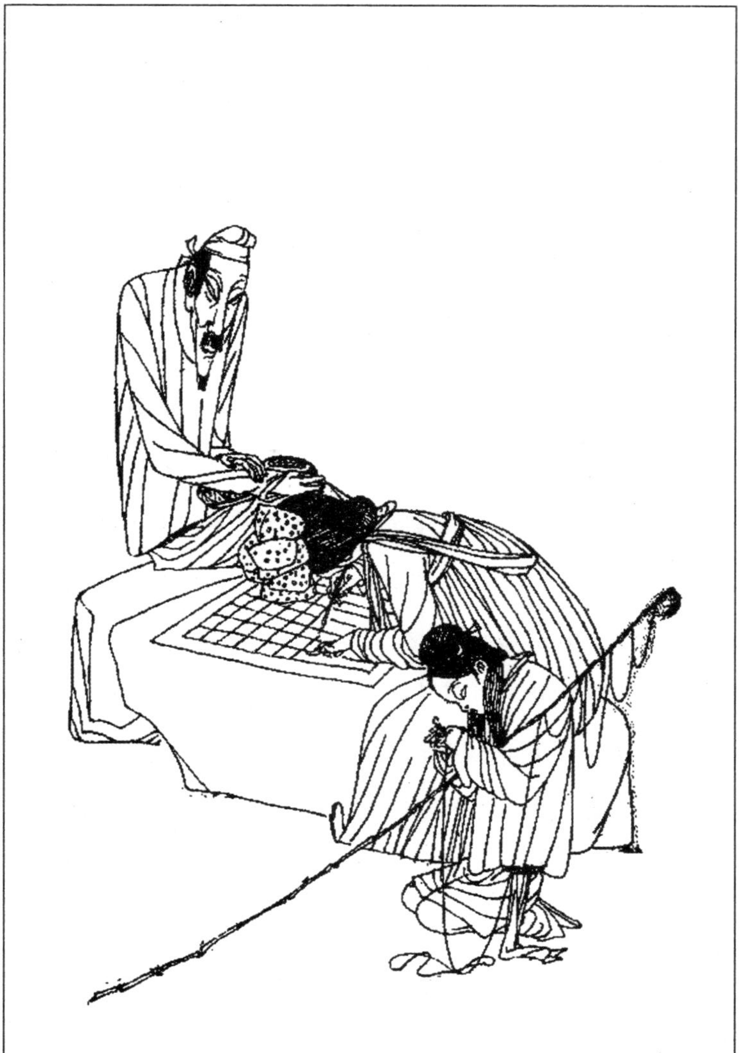

片刻安宁

万里桥西一草堂，百花潭水即沧浪。

风含翠筱娟娟净，雨浥红蕖冉冉香。

厚禄故人书断绝，恒饥稚子色凄凉。

欲填沟壑唯疏放，自笑狂夫老更狂。

其诗以朴素的言语道出草堂的清幽秀丽虽可堪自娱，然友人无援，生活艰难，思乡忆旧，亦只好狂放以遣愁。加之，去岁成都多雨，溪水暴涨，冲垮水槛、淹没药圃；天气潮湿，又诱发了杜甫的湿热之病，无疑使全家生活雪上加霜。

新建草堂由于无法抵御连续的风催雨浸，宛如风雨中的鸟巢，时有倾覆之虞。一日，雨住风起，暴烈的秋风竟将杜甫草堂顶上的数重茅草卷起，高高扬向天空。杜甫倚门望去，茅草飘落，高挂树梢，低旋池塘……远处有孩童奔来，收拾茅草，欢喜而去。杜甫欲追赶孩童，索要覆顶的茅草，无奈年老体弱，追赶无力；拼命呼唤，亦无济于事，只好暗自心伤，垂首叹息！失去覆顶茅草，草堂更是四面透风，无法遮雨。恰又逢夜雨，屋漏如注，难于栖身，困苦不堪。杜甫彻夜难眠，恍然有梦：就见碧空如洗，阳光普照，一栋栋华丽温暖的屋宇拔地而起，自己一家和逃难成都之地的关辅难民皆纷纷居于高堂华屋之下……

杜甫醒来，不由悲情难遏，和泪吟诗《茅屋为秋风所破歌》：

八月秋高风怒号，卷我屋上三重茅。茅飞渡江洒江郊，高者挂罥长林梢，下者飘转沉塘坳。

南村群童欺我老无力，忍能对面为盗贼，公然抱茅入竹去。唇焦口燥呼不得，归来倚杖自叹息。

俄顷风定云墨色，秋天漠漠向昏黑。布衾多年冷似铁，娇儿恶卧踏

安得广厦千万间

里裂。床头屋漏无干处，雨脚如麻未断绝。自经丧乱少睡眠，长夜沾湿何由彻？

安得广厦千万间，大庇天下寒士俱欢颜，风雨不动安如山！呜呼！何时眼前突兀见此屋，吾庐独破受冻死亦足！

就是这首“结构严谨，叙事绵密，前引后连，层层推进，直到最后曲终尽显，催人热泪”之诗，为千百万后人盖起了温暖的精神殿堂！就是这首“秋风怒号，卷去屋茅，再遇秋雨，淋湿衣被，小儿哭闹，困苦煎熬”之诗，为天下寒士发出了由衷的哀叹！就是这首“涌出无限伤乱之情”之诗，将杜甫由己推人、舍己利人、先天下之忧而忧的精神播于广宇，将其心系黎民苍生的高大形象傲然于风雨之中、挺立于残破的草堂之前！

超越一己之荣辱苦乐，以民众之苦为苦，以百姓之乐为乐，此乃杜甫之悲悯情怀。后人读及此诗，莫不为其强烈的苦己利人、舍己爱人的大悲悯之心，莫不为其炽热的忧国忧民之心及“兼济天下”的君子情怀而感慨、而敬仰、而称颂！此诗乃杜甫由凡入圣、涅槃重生的标志。

无情的冬天悄然而至，杜甫命运的转机亦悄然而至。

蜀地段子璋叛乱惊动朝廷。崔光远平叛不力，接连败北；再加之，其擅杀有功大将花敬定之罪败露，忧惧而死。朝廷遂遣黄门侍郎、京兆尹严武接替崔光远出任成都尹兼御史大夫，镇守巴蜀。上元二年冬月，严武入蜀。

严武，字季鹰，乃大唐玄宗时中书侍郎、名相严挺之之子。唐史言其“神气隽爽，敏于闻见。幼有成人之风，读书不究精义，涉猎而已”。严武文武皆能，胆识过人，二十岁便调补太原府参军事，后陇右节度使哥舒翰奏请充任判官。安禄山渔阳起兵反叛之时，严武随玄宗西奔入蜀。太子李亨灵武即位，严武引军千人护送房琯自蜀地至行在为肃宗加冕，因功封任给事中。后因宰相房琯被逐，亦被牵连，贬于蜀中任巴州刺史，后迁东川节度使。因其政绩卓著，素有民望，又厚结当朝宠臣元载，未几，调回京师，任侍御史、京兆尹。东川动乱，原剑南节度使崔光远平叛不力，忧惧而死；再加之吐蕃趁安史之乱之际，频频袭扰蜀地及陇右，严武遂被肃宗任为成都府尹兼御史大夫，充剑南节度使。

杜甫昔年于长安之时，与其父严挺之时有诗文互答，与严武亦是早年熟识。更因于灵武、凤翔时严武与杜甫皆为房琯旧人，故而往来甚密，交契甚厚。

严武赴任成都之后，闻杜甫时下客居成都浣花溪北草堂，即致诗杜甫，规劝杜甫莫倚才华而慢慢老于江边，而应走出草堂，为国建功立业。风趣幽默的诗风，足见严武对杜甫之厚意。

严武镇守巴蜀，力邀杜甫出任其幕僚。杜甫为人质朴，心地淳厚，见严武意诚，只好接道："我本山村野夫，与天下黎民一同承担战乱之苦。今故人至此，再三相邀，焉不动容？可容我略待时日，以了杂务，前去听命。成都历来富庶安宁，今却频遭袭扰，还望将军勤勉，功于社稷，以拯黎民于水火。"

严武笑道："尚待我等同心，共保成都安宁。"诸人言语尽欢，不觉夜暮。严武辞行，又回首揖道："来日有暇，再来叨扰。"杜甫满含深情，直送严武于数里之外。

未几，严武再次登门相邀。杜甫心中虽早已为其所动，却面作无奈之色，收拾行囊，怀着"非关使者征求急，自识将军礼数宽"之心，于家人欢喜、期待的眼神中，随严武前往成都府衙。

杜甫到任伊始，便勤于政事，关心政局。成都西门之外，有南北两根石笋挺立。蜀人相传，此乃镇海眼之物。若被触动，蜀地便会洪水泛滥。杜甫对此迷信之说，作《石笋行》予以驳斥。

杜甫以为，此对石笋不过是前朝卿相墓门之石表，岂是海眼之镇物？人们世代受其蒙蔽，实在可惜、可叹！如同妄佞之臣媚惑皇帝，使"政化

与严武谈时政

错迕失大体”一样，令人愤慨！应让壮士将石笋抛向天外，让贤臣逐去朝堂小人，复现本源，还以清明。

成都之南，有先秦蜀郡太守李冰治水时留下的五头石犀，寓意以镇水妖。千年以来，蜀人迷信石犀，以为石犀镇蜀，可水波不兴，故蜀地少有防洪之举。恰于七月夏日，蜀地暴雨成灾，诱发山洪，灌口人家多为洪水吞没。于幕府之上，竟有官员以为由石犀镇水，不必忧虑。杜甫闻言愤慨，作《石犀行》警语蜀人。其以为“石犀厌胜，可免水灾”之说不足为信，应当“安得壮士提天纲，再平水土犀奔茫”，依靠人类自己的力量，“终藉堤防出众力”，疏浚水道，方能破除洪水灾祸，造福后人。杜甫超越时代的科学态度令后人赞叹！

杜甫更是关心农事。次年春日，蜀地大旱。杜甫心忧黎民，夜不成寐，字斟句酌写下《说旱》一文，上禀严武。文中言蜀地大旱，恐牢狱积怨太多所致；中丞不仅要重视塞防，抵御吐蕃，亦要体察民情；趁上任伊始，改革弊政，减免黎民苛捐杂税，优抚将士家属，而后决狱疏怨以求春雨。严武遂笑纳杜甫之主张，率成都文武官员于南郊祭天祈雨。而后，决狱疏怨，释放狱中罪囚数千。也许，苍天有情，一声春雷，降下一场酣畅淋漓的春雨。杜甫喜不自禁，欢喜而诗《春夜喜雨》：

好雨知时节，当春乃发生。
随风潜入夜，润物细无声。
野径云俱黑，江船火独明。
晓看红湿处，花重锦官城。

此诗乃描绘春夜雨景、表现喜悦心情之名作。语调轻快，情真意切。好雨深知人意，伴着细细春风滋润万物，也滋润着杜甫忧国忧民之心。此雨只为润物，不求人知，却催开了锦城的浓重春色！

一场恰到好处的春雨，一场貌似“天人感应”的及时雨，将严武与杜甫的友情进一步加深，将杜甫在严武心目中的位置提得更高。严武敬杜甫若上宾，可谓对其言听计从。杜甫深感责任重大，亦更加关心时局，勉励严武勤于边事，励精图治，并以自家远祖杜预的事业相期许。“辞第输高义，观图忆古人。征南多兴绪，事业暗相亲。”杜甫虽身处江湖之远，无法实现上达天听之愿望，却于出入幕府、暂得信赖之际，剖心析胆，献计献策，以努力实现自己兼济天下之志。

十一·致仕离蜀

乾元三年，玄宗于“潇潇梧桐雨”之声中，带着“绵绵无绝期”之遗恨，寂寞驾崩。肃宗于大病之中闻之悲憾。恰遇此时，皇后与李辅国权争激烈，皇后欲杀李辅国、废太子而立亲子之谋为李辅国得知。李辅国暗得太子李豫支持，引禁军于宫中肃宗病榻之前，缢杀皇后张氏。肃宗惊愤，然已病入膏肓，口不能言，遂于玄宗病故三日后，黯然而逝。大唐三日之内驾崩二帝，举国大丧，万民缟素，唐王室顿时陷入动荡之中。李辅国趁势诛杀张皇后一族，将朝廷权势独揽，为所欲为；并于同月，拥立太子广平王即位，史称代宗。

唐代宗李豫继位之后，李辅国以立帝有功，骄横跋扈，竟对代宗奏道：“陛下只须深居宫中，外面政事有老奴决断。”代宗虽心存不满，然慑于其手握兵权，只好委曲求全。他尊称李辅国为尚父，加司空，兼中书令；事无巨细，皆与其商议之后方能决断；又擢升宦官程元振为骠骑大将军。

唐代宗李豫，原被封为广平王，后进封为楚王。马嵬坡事变后，随肃宗北上，任天下兵马大元帅，统帅诸将收复两京，亦曾算是有为之君，焉能任由中贵“飞龙厩小儿”摆布？遂采纳程元振、元载之言，乘李辅国不备，派人扮作盗贼刺杀李辅国。而后，代宗假意下旨，朝廷行文各处，搜捕凶手，并派宫中使者抚恤其家属，追封李辅国谥号为“丑”……

代宗再力邀山人李泌出山，稳定时局。李泌自衡山入朝，启用昔日房琯一党，欲行新政。严武遂得朝廷征召，任京兆尹，兼充山陵桥道使，监修玄、肃二帝陵墓，即日赴京。

诏书紧迫，朝廷甚至来不及选调新的成都尹接任，便催促严武匆匆上路。严武为早抵京师，只好径直向北取蜀道而行。挚友离别，即将踏上远古栈道，杜甫惆怅万分，执意送行。一路之上，二人皆忧心朝廷时局，无心路途风光，言无不尽。杜甫道：“今新皇即位，急召季鹰，可见朝廷期盼之殷，倚重之意不言自明。季鹰若登台辅，要以家国为重，切莫临危爱身。”

严武尚未脱离蜀地，节度副使徐知道获知朝廷已诏令蜀州刺史高适转任西川节度使，不由大怒。遂将严武昔日所任剑南节度使之职加于自身，联络西南羌族、白族部落，暗通吐蕃，西取邛崃，北拒剑门，于成都引兵叛乱。战火瞬间燃遍蜀地，百姓苦难，流离失所。

因徐知道兵变，杜甫无法再回成都，不由再次思念故乡。虽然故乡亦在战乱之中，然比起蜀地之乱，兴许好去许多。再加之，吐蕃不事稼穑，时时抢掠蜀地，杜甫的思绪不由再次飞回故乡，“始欲投三峡，何由见两京……”

一路小心潜行，历尽艰辛，秋风苦雨，愁煞白首。杜甫行至涪江之时，盘资已尽，只好卖马筹资。于江岸小店，邂逅梓州别驾严二，故人相见，一番感慨。而后，杜甫随其乘船，南下梓州。

于途中，杜甫望着两岸惨象，思起“中宵斩白马，盟歃气已粗。西取邛南兵，北断剑阁隅”“谈笑行杀戮，溅血满长衢。到今用钺地，风雨闻

■ 为严武送行

号呼”的成都，不由日夜忧心国运、担心留在成都的家人安危。杜甫后来回到成都，痛定思痛，作诗《草堂》，将蜀地战乱之惨状描绘得淋漓尽致。

杜甫历尽艰辛，于暮秋抵达梓州，再次陷入生活无着、进退失据的困境。所幸不久，以大燕皇帝史朝义授首为标志，长达八年的安史之乱终于平息。朝廷派遣数路驿使，披红挂彩地自长安出发，快马加鞭地飞驰在驿道上，将战乱平定的消息传向各地。顿时，万民雀跃，举国欢腾。

消息传到梓州，满城震动，万民雀跃，到处张灯悬彩，鼓锣喧阗。杜甫更是惊喜万状，苦辣酸甜、百感交集！初闻喜讯而大放悲声，由于过度激动，撞开了泪水的闸门。平息叛乱乃其切盼！回顾这漫长岁月，国家遭受巨大灾难，人民付出惨重牺牲，自己亦几经生命之忧，经历了多少辗转反侧之夜！多少思乡忆故之泪，终于换来今日喜讯，焉不令其痛洒热泪！

剑外忽传收蓟北，初闻涕泪满衣裳。
却看妻子愁何在，漫卷诗书喜欲狂。
白日放歌须纵酒，青春作伴好还乡。
即从巴峡穿巫峡，便下襄阳向洛阳。

极度兴奋中，杜甫一改过去沉郁顿挫、含蓄蕴藉之诗风，以轻快活泼、饱含激情的笔墨，爽朗奔放的语言，写下了这首脍炙人口的七律名作《闻官军收河南河北》。

此诗不断为后人吟诵，为无数流亡者的心灵点起一盏明灯。尽管杜甫仍在飘零之中，安史之乱的结束却似乎一扫其心头阴霾。国家不幸给其人生带来了巨大苦难，正因如此，才使杜甫更加深切盼望国家早日结束战乱。此诗乃其心灵与时代血肉交融、同悲欢共命运之产物，更是其爱国忧民思想之精髓！

归乡一直是杜甫急切的心愿。如今战乱已平，心愿可偿，头顶青天丽日而放歌纵酒，请妩媚的春光作伴回到故乡……杜甫一想到归乡，行走路线立即跳出脑海：巴峡—巫峡—襄阳—洛阳！

然归乡的路依旧那么艰难和漫长！蜀地战乱仍在蔓延，剑门依旧紧闭，三峡江水照旧汹涌。杜甫于引颈期待之中，又惊闻吐蕃大军趁唐军抽兵追击史朝义叛军之际，发兵数万，攻入大散关，尽取河西、陇右之地。未几，杜甫昔日栖居之地秦州已陷落，连昔日行在凤翔亦沦于吐蕃铁蹄之下，吐蕃大军直逼长安。蜀地与吐蕃接壤之地，松、维、保三州已为吐蕃大军合围，危在旦夕。

恰于此时，杜甫接到朝廷征召，实授京兆尹功曹。于惊讶之中，杜甫顿悟必是京兆尹严武向朝廷举荐所致。时严武于京监造二帝皇陵有功，再封郑国公。严武惦记处于战乱之中的故友，欲将其安置于京师。杜甫接诏，望长安涕泪不已。出川无路，生死难料，何谈入京出仕？

重阳节至，杜甫得到房琯病逝的噩耗，遂往阆州凭吊昔日贤相房琯。

途中，天降暴雨。杜甫对雨当歌："莽莽天涯雨，江边独立时。不愁巴道路，恐湿汉旌旗。雪岭防秋急，绳桥战胜迟。西戎甥舅礼，未敢背恩私。"不为自己前途因暴雨突至而忧愁，却为暴雨打湿官军的旌旗从而影响士气而忧心！为国家多难、步履蹒跚而忧心！吐蕃大军陈兵雪岭，进窥成都，杜甫多么希望吐蕃尚念与唐朝舅甥之谊而罢兵！千年过去，后人读及此处，亦恐为杜甫舍己忘我、忠国忠君之心而喟叹！

阆州刺史王祈乃昔日房琯一党，亦算杜甫故人。偶与杜甫言及时政，亦心怀忧戚。杜甫为其解忧，代其行书，上奏朝廷。于《代阆州王刺史向代宗进论巴蜀安危建议》之中，杜甫以为：蜀地"土地膏腴，物产繁富"，"顷三城失守，罪在职司，非兵之过也，粮不足故也"，希望两川合一，朝廷派遣富于文韬武略之能将为帅，"付重臣旧德、智略经久、举事允惬、不陨获于苍黄之际、临危制变之明者……愚以为宜速择偏裨主之"，最好是着派亲王驻守蜀地。“必以亲王委之节钺，此古之维城磐石之计明矣，陛下何疑哉！”又云，“愚臣特望以亲王总戎者，意在根固流长，国家万代之利也”。其文切中肯綮，击中要害。

未几，代宗再着严武以御史大夫、郑国公之衔取代西川节度使高适，节制蜀地两川，抵御吐蕃。朝廷知松、维、保三州为吐蕃攻陷，西南势危，遂遣严武再为成都尹、剑南节度使，合并东、西两川，整军收复松、维、保三州。

当杜甫得知严武重新镇蜀的消息，顿觉春天来到蜀地，万物复苏，遂作《奉待严大夫》一诗遥寄严武。诗中唱道：“殊方又喜故人来，重镇还须济世才。”“身老时危思会面，一生襟抱向谁开？”杜甫于此身老时危之际，将严武视为唯一知己。严武亦深知杜甫才学谋略及运筹帷幄之能，于赴任蜀地途中，上奏朝廷，表请杜甫为节度使幕府参谋、检校工部员外郎，再赐绯鱼袋。严武再次镇蜀，改变了杜甫的出蜀计划和以后的人生。

当杜甫整船欲归故乡时，严武数番致书挽留，使杜甫决定携家返回成都草堂。临行之前，杜甫再次专程前往葬于阆州的房琯墓前拜别。回顾自己与房琯一生交谊、坎坷经历，再想到今后浪迹萍踪，恐再难临墓前，内心哀痛不已。以泪和诗，尽道与布衣之交房琯的深厚友情。

来兮归去——别了，梓州、阆州！物是人非——别了，章彝、房琯！于蜀地战乱之中，杜甫“三年奔走空皮骨，信有人间行路难”的漂泊困境结束了。不管前面等待杜甫的是什么境遇，杜甫都将依然如故地怀着忠君爱民之心，描绘着悲壮人生，书写着不朽诗章！

春天，嘉陵江上风帆竞发，燕子翻飞；岸边烟柳杨絮，杂花罗织。杜甫与家人自青烟微曦之中，登上大船，前往成都。一路之上，“春水船如天上坐，老年花似雾中看”。江水汹涌中，杜甫心潮澎湃，回想离开成都的岁月，宛如梦魇。成都兵乱于去岁为严武昔日部将郭英乂所平定，然留

致仕离蜀

在杜甫心里和成千上万遭遇苦难的人们心中的疼痛，却难以驱走。杜甫于途中不断思索着，写下《将赴成都草堂途中有作，先寄严郑公五首》，以诗将自己这段暗无天日的生活进行总结。

杜甫于诗中，虽设想自己回成都之后整理草堂之事，却给人以启迪世事之联想："常苦沙崩损药栏，也从江槛落风湍"言其自离开草堂，常常焦虑沙岸崩塌、损坏药栏，现在恐怕连同江槛一起陷落于湍急的水流之中。虽是遥想离成都之后，草堂环境的自然遭遇，然何尝不是对风雨飘摇的社会现状之焦虑？"新松恨不高千尺，恶竹应须斩万竿。"想当年，离开草堂时，由孩子们亲手培植的四株小松，当时才"大抵三尺强"，杜甫喜爱它们，对之寄托着殷切期望，恨不得小松迅速长成千尺高树；而到处侵蔓的恶竹，有万竿亦须芟除！杜甫喜爱新松是因它峻秀挺拔，不随时态而变；其痛恨恶竹，是因恶竹随乱而生。玩味这两句诗，顿觉"兼寓扶善疾恶意"。乱世之岁，匡时济世之才难为世用，而各种丑恶势力竞相表演，怎不令人感慨万分！正因诗句所表现出的情感鲜明、强烈而又分寸恰当，故而至今仍为后人借以用来表达爱憎之情。诗句最后落到"赠严郑公"题意之上，"生理只凭黄阁老，衰颜欲付紫金丹。"言其此后，生计全凭严武照顾，身体托付给益寿延年的丹药。杜甫在对严武的真诚信赖之上，又从瞻望未来转到回顾过去，似有痛定思痛之意。"三年奔走空皮骨，信有人间行路难。"自宝应元年与严武分别，至广德二年重返草堂，前后长达三年。三年之中，兵祸不断。杜甫携家人避乱他乡，漂泊不定，人瘦得只剩皮包骨头。过去常读古乐府诗《行路难》，今身经其事，犹在眼前，方知世路艰辛，人生坎坷，真乃"行路难"！"行路难"三字，语意双关。一个"信"字，包含着杜甫历经艰难困苦之后的无限感慨。

历尽艰难，杜甫终于重新回到成都，回到草堂。到家了！意味着漂泊不定的生活暂得安宁，一种温馨之感油然而生。进得家门，杜甫赶忙晾晒书籍，查看林木。院子里那四棵小松树已经长高，五棵桃树枝叶茂盛，已遮住了小径。水边的栏杆摇摇欲坠，小船已破漏、埋进泥沙里……草堂白茅陈旧，尘埃遍布；院中杂草丛生，葛蔓荒凉。

一连数日，杜甫携着家人苫屋补墙，修篱剪竹，开荒芟草，淘井清渠。未几，堂前松竹，院中药圃，溪边菜畦，在潇潇春雨和杜甫等人的汗水中，显出勃勃生机。雨后新晴，倚窗远眺：西山浮云霭霭，宛如千秋白雪；万里桥下欸乃声声，吴船竞发；浣花溪上，两只黄鹂婉转鸣叫，追逐于翠柳之间；碧空如洗，野旷天低，一行白鹭悠然飞向蓝天……景色幽然，相映成趣。杜甫诗思难遏，一首《绝句》脱口而出：

两个黄鹂鸣翠柳，一行白鹭上青天。

窗含西岭千秋雪，门泊东吴万里船。

一句一景，却又融而为一。貌似欢快明亮的景象却掩不住杜甫孤独失落之意。严武再次入蜀，使其看到一丝希望，但希望能否成真，杜甫却感到无着和彷徨……

严武进入成都，即上表朝廷，授杜甫为两川节度使幕府行军参谋、检校工部员外郎，并恩赐绯鱼袋以示荣宠。杜甫为友情、生活所系，遂怀着“济时敢爱死”的忠君报国之心，走出草堂，赴幕府任职。

时蜀地大乱初定，民心不稳，将士懈心，局面艰难。严武不惧，整治不驯之将，肃清军务；激励将士争功，以振士气。未几，严武治军初显成效，并于成都江边较场誓师阅兵。西山都知兵马使崔旰、大将王重俊、勇将郭英干与柏茂琳总领铁马步甲数万，广亘十里。旌旗杂沓，戈甲映日；兜鍪雄耀，组练争光；士卒雄锐，厉气凌云；部队严整，屹若山岳；万马奔腾，势动天地。严武身着戎装，立于高台，亲擂金鼓，以令进退。于阅兵场上，杜甫按捺不住心中激动，写下《扬旗》之诗，以壮军威。此诗平朴如话，却将威武雄壮之军容描述得淋漓尽致，亦道出杜甫愿为早日平定西川而尽余力之决心。

严武积极着手收复为吐蕃所攻陷的松、维、保三州。数月内集结剑南所属之地兵士数万，并采纳杜甫釜底抽薪之方略，又遣使南诏，互通友好。时吐蕃攻长安之军新败，援兵无望。至此，吐蕃所侵占川西松、维、保三州已成孤地。杜甫再上《东西两川说》奏折，分析昔日失三州之因果，再言复三州之谋略。文中奏道：

闻西山汉兵，食粮者四千人，皆关辅山东劲卒，多经河陇幽朔教习，惯于战守，人人可用。兼羌堪战子弟，向二万人，实足以备边守险。脱南蛮侵掠，邛雅子弟不能独制，但分汉劲卒助之，不足扑灭，是吐蕃冯陵，本自足支也，榷量西山、邛、雅兵马卒叛援形胜明矣。顷三城失守，罪在职司，非兵之过也，粮不足故也……

文中先论昔日高适兵败原因，再论收复三州之军略，纵横有致，条理清晰，俨然昔日武侯茅庐对策。文中主张名帅统一领兵、民族和谐平等、解决贫富矛盾、流民有田可耕和减轻赋税等策略，皆有理有据，充分显示出杜甫诗才之外的文武之能。严武接杜甫奏文，深感其赤诚之心，乃携杜甫共赴西山，赞画方略。

严武杀东川节度使留后章彝之后，已统兵两川，兵力雄厚，故引军将松、维、保三州围困。见吐蕃城寨皆依山而结，既有崇山峻岭之险可凭，又有河流阻隔，易守难攻，杜甫献计：“今吐蕃兵士惶恐，然久困之，必作困兽犹斗！况此地山势险要，路径崎岖，恐急切难下。莫若佯撤兵士，欲往盐川切其归路。吐蕃困兵见状，必出城夺路，我军必有机可乘。”

严武闻言，略一思索，大笑道：“子美知我也！吐蕃兵士盘马弯刀、生猛强悍。若于平地决战，其刀锋凌厉，势不可挡。我已陈兵当狗城西山斜谷，只待吐蕃入瓮。”

严武遂着西山都知兵马使崔旰引后军张扬军势，直趋盐川。吐蕃三州守军闻听唐军欲切其归路，大为惊惧，急忙整军数万，出三州逐杀唐军。

严武见吐蕃大军出城，亦不急于攻取三州，潜引军队暗伏吐蕃大军必经之路——当狗城西斜谷。吐蕃追兵见崔旰军力不足，士气低迷，更是放下心来，一路追杀。其大军行至当狗城西斜谷之时，就听数声炮响，峡谷两边高坡之上突然冒出无数唐军，滚木礌石、箭如飞蝗，直击吐蕃大军。吐蕃已着陷阱，乱军拼命前冲。无奈，崔旰前军早以箭阵、木刺、巨石封其去路。至此，吐蕃大军回天无术，数万将士惨死当狗城西斜谷。

闻听吐蕃大军惨败当狗城，守于松、维、保三州的残留吐蕃兵士急忙弃城奔逃，唐军乘势收复三州。随后，严武再引得胜之兵前后围堵，左右掩杀吐蕃残军，再于盐川城下大败吐蕃。吐蕃大军闻风丧胆，仓皇逃遁。至吐蕃境内之时，残军不过千人。从此，吐蕃闻严武之名而胆寒，再无进窥三州之念。

于征战途中，严武写下记述此次战争的《军城早秋》一诗：

昨夜秋风入汉关，朔云边月满西山。
更催飞将追骄虏，莫遣沙场匹马还。

笔意酣畅，字字千钧。既显示出战场上势如破竹的气势，也表现了严武刚毅果断的气魄和胜利在握的自信。诗写得开阖跳跃，气概雄壮，干净利落，表现出地道的统帅本色。杜甫称赞严诗“诗清立意新”，并作诗称颂严武指挥有方，克敌制胜，与严武酬唱。其诗为《奉和严郑公军城早秋》：

秋风袅袅动高旌，玉帐分弓射虏营。
已收滴博云间戍，欲夺蓬婆雪外城。

松、维、保三州收复，严武乘势再拔数城，攘地数百里。吐蕃气焰顿熄，再无进窥西蜀之念，蜀地局势暂时得以稳定。杜甫的幕府生涯从此真正开始。

唐时幕府礼仪颇多，规章繁冗。杜甫白发皓首，日日身着窄小军衣，清晨入府，黄昏返家。偶逢休沐之日，尚且轮坐幕府值夜，辛劳自在其中。况以杜甫“白鸥没浩荡，万里谁能驯”之性情，整日于幕府正冠危坐，料理繁杂俗务，焉能开怀？

蜀地初平，纲纪松弛。严武沉浸于战伐之功，无心日常军务政事，日夜欢饮，奢靡无度。其率意恣性，赏罚随性，致使幕府政事纷乱，人心浮动。杜甫怀着“束缚酬知己，蹉跎效小忠”之心，意在借严武雄才实现自己心中“致君尧舜上，再使风俗淳”的理想，然而，无情的现实使杜甫最后的梦想亦随之破灭。

中原战乱已久，各地官吏皆以蜀地富庶，争相入蜀，致使幕府官吏众多，人情错杂。幕府既有玄宗昔日的幸蜀老臣，亦有肃宗、代宗时的朝廷新贵。各自勾结阿谀，抑或相互倾轧，以求生计和地位。杜甫混迹其中，与官场老吏艰难周旋，疲于应付。虽有严武对其信赖，然则必遭他人嫉妒、攻击。幕府生活令人窒息，杜甫内心充满孤苦。即使如此，杜甫为友情、为家人生计所迫，仍于幕府忍辱负重，勤于政事。然而，繁杂、枯燥的幕府礼仪、常例事务和嫉贤妒能、相互倾轧的同僚使杜甫每每发出无奈的哀叹！于《莫相疑行》一诗中，杜甫毫不讳言、披露心事：“晚将末契托年少，当面输心背面笑。寄语悠悠世上儿，不争好恶莫相疑。”一群年青官吏欺辱其年老、忠实，甚至促狭杜甫。然而，杜甫以宽广的胸怀，赋诗同僚，希望人与人莫相疑，多相惜！此等小吏哪里知道其一生政治抱负乃是“致君尧舜上，再使风俗淳”！而幕府的官职距离实现这一目标显然太远！对于仕途，杜甫似乎早已放弃，其只是抱着“束缚酬知己，蹉跎效小忠”之心，为朝廷靖边，为自家讨生活。于是，杜甫一如既往勤于政事，暂将与同僚的不快置于脑后，却不想另一场阴谋正在酝酿之中。

幕府有年青小吏乃太子舍人之妻舅，欲得严武垂青，觊觎杜甫参谋之职，虽时常中伤杜甫，却无取而代之之能。恰太子舍人自西北长安而来，知杜甫

宁可清贫，不可浊富

家贫，以“张某早年于华州应试，杜大人不惜得罪上僚，公正选才，使张某脱颖而出”为由，向杜甫送上一件极为珍贵的毛毡。毛毡之上，刺金绣银，图案绚丽。上有汹涌之波涛，掉尾之大鲸，精美异常，价值不菲。杜甫接过，细视良久，心中亦知若将此毡变卖，必可保家人数年温饱。杜甫却不为所动，笑而奉还太子舍人，并赋诗一首。此诗后为严武所见，以为杜甫借此诗规讽于己，心存不喜。孤寂的杜甫不由想起昔日于故乡时的恬淡岁月：与亲朋好友无忌笑谈，畅饮美酒，其乐融融，其情绵绵……思乡忆故之情每每萦绕心头，挥之不去。正值清秋之夜，月色撩人，梧叶清风，杜甫走出舍外，望月低吟：

清秋幕府井梧寒，独宿江城蜡炬残。
永夜角声悲自语，中天月色好谁看。
风尘荏苒音书绝，关塞萧条行路难。
已忍伶俜十年事，强移栖息一枝安。

“独宿”幕府，望着“蜡炬残”，杜甫心事浩茫。夜不能寐的苦衷，已见于言外。诗中通过环境的“清”“寒”，烘托心境的悲凉。先写“独宿”的氛围、感受和心情，意在笔先，起势峻耸。再写“独宿”的所闻所见：闻听长夜的角声悲凉，似在自言自语地倾诉乱世悲凉，却没有人听；再看中天明月，月色皎洁，旷朗无尘，多么美好！但月色尽管美好，于漫漫长夜之中，却没有人看！杜甫化百炼钢为绕指柔，以顿挫句法，吞吐语气，活托出一个看月听角、独宿不寐的人物形象，恰切地表现出无人共语、沉郁悲抑的复杂心情——是谓“景中有情，万古奇警”。

“永夜角声”意味着战乱未息。那悲凉的、自言自语的“永夜角声”，引起了杜甫的感慨：“风尘荏苒音书绝。”数年过去，自己仍然流落剑外，故乡音信全无，归乡无路！“中天月色”使其难遏思乡之情：独自在这凄清的幕府里长夜不眠，仰望中天明月，焉不感叹“关塞萧条行路难”！

杜甫决心离开幕府，回归草堂。以年老体衰、老妻幼子需要照料；自己麋鹿心性不喜幕府礼仪；志在山野，思念草堂，甚至为了“倚树而吟，据槁梧而瞑”，以求安享晚年为由，致诗严武，言其心声。

严武接诗，照例不允杜甫离职。杜甫再致诗严武，深表辞别幕府、归去之思。严武接诗，未几，准其请假暂回草堂。

“浣花溪里花饶笑，肯信吾兼吏隐名”（《院中晚晴怀西郭茅舍》），“已忍伶俜十年事，强移栖息一枝安”（《宿府》），“青袍白马有何意？金谷铜驼非故乡”（《至后》）。自秋至冬，杜甫就一直在这种失望与惆怅中于幕府度日。今日归来，顿觉“眼边无俗物，多病也身轻”！望着风竹林泉、清江抱村，杜甫由衷感叹：“多病所须惟药物，微躯此外更何求？”若能于此“浅把涓涓酒，深凭送此生”，夫复何求？

然而，平静不可得，忧烦接连至。继王维、李白、房琯之后，挚友郑虔及昔日与杜甫放荡齐赵间的苏源明亦分别辞世于台州和长安。消息传来，杜甫悲痛欲绝，肝肠寸断。《伤别》《哭台州郑司户苏少监》之诗若凄风苦雨，声声泣血：“故旧谁怜我？平生郑与苏。存亡不重见，丧乱独前途……”又自诉处境可悲：“痁病餐巴水，疮痍老蜀都。飘零迷哭处，天地日榛芜。”杜甫诗文感情真挚，其望绝抚坟、呼天抢地之悲摧，撼动着千年文友之心！此诗为亡友悼亡，亦为自己而哭！

未几，正值壮年的严武突然病逝于幕府。杜甫惊闻，顿觉西南柱石崩摧，不禁为蜀地失此将才而伤心，亦为蜀地安危而忧心！望着严武部曲之神态，杜甫不由悲慨人情，写诗痛悼：

素幔随流水，归舟返旧京。
老亲如宿昔，部曲异平生。
风送蛟龙雨，天长骠骑营。

一哀三峡暮，遗后见君情。

“公来雪山重，公去雪山轻。”在杜甫心目之中，严武以其雄武之才威慑西山吐蕃，使吐蕃不敢进窥西川。今严武骤逝，蜀地失依，吐蕃为雪前怨，必再次兴兵。再加之，严武生前勤于武略，而疏于文韬，致使蜀地纲纪松弛，官吏懈政。杜甫不由为蜀地未来的时局而忧心和伤悲！然而，杜甫身为一介布衣病夫，岂有回天之力？

严武去矣，客居蜀地最后的一丝依恋割断了。杜甫终于下定归乡的决心，遂变卖难以搬移的家当，将草堂让与在少城做事的杜占居住。然后，辞别乡邻，乘上去岁自阆州买下的那叶扁舟，引领妻子沿着早已设想的路途：出三峡、过潇湘、转襄阳，回洛阳……当扁舟东去，凝集着自己半生心血的草堂渐渐消逝，杜甫眷恋草堂又思念故园，不由心绪郁结，惆怅万端，苍玉般的泪水潸然而下，滚落大江……

五载客蜀郡，一年居梓州。
如何关塞阻，转作潇湘游。
万事已黄发，残生随白鸥。
安危大臣在，不必泪长流。

如今的杜甫早无当年豪行天下的气概，只有孤独、飘零之苦涩。“关塞阻，难返长安；潇湘游，将往楚地”，杜甫去蜀实乃无奈之举。对人生与时局的最后一丝希望，促使其重新踏上漂泊之旅。

十二·寄居夔州

别了，草堂！杜甫携家乘舟沿岷江南下。正值暮春，满眼飞花。杜甫倚着船舷，望着浩荡江水，不由想起身居草堂的岁月，感受着遗失的伤感。一群白鸥随着船尾飞翔，凄厉的叫声仿佛向杜甫述说着沿江漂泊的心酸。杜甫不由低吟屈子《哀郢》：“曼余目以流观兮，冀壹反之何时？鸟飞反故乡兮，狐死必首丘……”扁舟经嘉州，抵戎州。船入长江，又改向东行，经渝州，至忠州。杜甫与家人日行夜宿，皆于舟中。江波浩渺，宇宙茫茫，杜甫难遏身世孤微之叹，于舟中写下名篇《旅夜书怀》：

细草微风岸，危樯独夜舟。
星垂平野阔，月涌大江流。
名岂文章著，官应老病休。
飘飘何所似，天地一沙鸥。

此诗尽道自身孤微。作者夜宿江边舟中，以“细草”“微风”“危樯”“独舟”等一连串细微之物，作为孤微之身之衬托。再以开阔壮景“平野阔”“大江流”等作为自身孤微之反衬。天地之大与孤舟之小构成强烈反差，凸显出杜甫的孤寂和微贱！其非在欣赏壮阔的夜景，而是在叹息自身的微贱！“名岂文章著”的愤世之情勃然而出，“官应老病休”更是对自己仕途坎坷之忧叹！作者身怀孤寂和微贱之感，就像天地间一只渺小而孤独的沙鸥……

正值梅雨时节，杜甫日夜于扁舟之中漂泊，再加之心情沉郁，船至云安时，杜甫再次病了。这次杜甫病得沉重，如同秋水之上漂浮的黄叶。扁舟只好停下，停在云安杜鹃盛开的时节。云安县县令乃杜甫昔日故旧严侍御之弟，闻杜甫病卧云安，遂着下人安置杜甫及家人暂栖江岸水阁，于此将养。

蜀地时局果如杜甫所料：严武骤逝，致使蜀地权力瞬间陷入真空，顿现内讧之状。杜甫于云安闻听蜀地战乱又起，忧心如焚，痛苦不已。于重九之日云安文士郑贲宴会之上，杜甫难遏悲痛，垂首吟道：

寒花开已尽，菊蕊独盈枝。
旧摘人频异，轻香酒暂随。
地偏初衣夹，山拥更登危。
万国皆戎马，酣歌泪欲垂。

蜀地四处战乱，杜甫于诸人酣歌之中，忧心至极，老泪欲滴！昔日繁华似锦的天府之国已沦为人间地狱。乱军在杀戮，官军在杀戮，连来自长安的殿前军亦在杀戮！杜甫以令人不忍卒读的《三绝句》述说着发生在那个糜烂王朝的残烈悲痛的历史，控诉着群盗、官军于蜀地奸淫烧杀、荼毒生灵的暴行。

杜甫于云安水阁之上，日日眺望归程。然等来的却是官军大船先后承载着房琯、严武的灵柩顺水东去，归葬故里。感伤的杜甫目送故友灵柩远去，

望眼欲穿

不由为自己魂归何处而神伤不已。杜甫只有顺水而下，继续向前漂泊。

杜甫卧病云安，无时无刻不惦念着中原，又多么希望中原战火彻底熄灭，使其安然返乡。在吊脚楼上，那船夫号子、巴蜀小调悠扬伤感的旋律，反而勾起他无尽的惆怅。“春花不愁不烂漫，楚客唯听棹相将。”他要归去，他要归去……

春天来临，杜甫身体稍愈，便心怀感念辞别云安热情挽留自己的文友官吏，携家登舟，沿江东去。他的心情是那样迫切，甚至于发船前夜，已是急不可待、满怀希望和憧憬地歇在那叶扁舟上，“沙头宿鹭联拳静，船尾跳鱼拨剌鸣。”

杜甫乘舟入瞿塘峡，顿见江水急流，声势浩大。两岸断崖壁立，高数百丈。江面不及百米，形同门户。长江辟此一门，浩荡东泻，两岸悬崖峭壁如同刀削斧砍，山高峡窄。仰视碧空，云天一线。峡中水深流急，江面最窄处不足数丈。江水滔滔，波涛汹涌，奔腾呼啸，云雾缭绕，惊心动魄。瞿塘峡“镇全川之水，扼巴鄂咽喉”，对峙夔门。抬首，悬崖峭壁，令人生寒；低头，江水滔滔，寒风冽冽。杜甫寻思“下堑万寻岸，苍涛郁飞翻。葱青众木梢，邪竖杂石痕……”不由叹道：“峰与天关接，舟从地窟行。”

三峡啊，千年不变的蛮族杂居的关隘，是西蜀文化和中原文化割不断的桥梁。三峡啊，是一条回归的通道，也是杜甫追忆逝水年华的天路！哀凄的渔歌，孤独的江鸥，回归的雁阵，朋友的消息，所有的事物都和长安紧紧地联系在一起，“巫峡忽如瞻华岳，蜀江犹似见黄河”。杜甫于峡谷底穿行，江水和星月不断搅动着杜甫浓重的乡思！归乡的路是多么艰难和漫长！望着扁舟在三峡的激流里飘摇，看着江月在峡谷里揉碎后重新变圆，杜甫于忧悸之中，思游八荒……

上下千年，兴衰荣辱，花开月残，杜甫看到的是一局正在迷茫中的棋局，“楚江巫峡半云雨，清簟疏帘看弈棋”。室内，纹枰天地，星罗棋布，黑白云子，激战正酣；室外，对峙夔门，江水滔滔，云雾缭绕，猿鸣呜咽……

杜甫仿佛看到童年的欢笑、青年的壮游、中年的艰险、老年的悲哀。身份低贱，心比天高；怀才不遇，茕茕一生……长安城内，劫争连环；安史之乱，波浪涛天；流离失所，备受煎熬……这一切的一切，就是万千气象的大唐，就是杜甫爱恨交加的大唐！

扁舟穿行于运命的通道、生命的峡谷，杜甫垂首感受着瑰丽的山水，三国的风云，巴楚、蜀汉的文化……仰望天空，杜甫感受着浮云接日、长天一色、万里之外的长安和洛阳……

“将运舟而下浮兮，上洞庭而下江……”杜甫于冥思之中不觉扁舟已抵夔州。历尽风浪，扁舟停泊在夔州治所奉节码头。

奉节位于三峡之中，山川形胜，历史悠久。历代为路、府、州、郡治地。夏、商之时为荆、梁二州之域，秦置鱼腹县，隶属巴郡。西汉末年，王莽篡权，天下纷扰，群雄并起，公孙述遂筑白帝城，割据巴蜀。因其颇有勇略，蜀地奸盗绝迹。其以巴蜀险要，物产丰饶，自立为帝。后为光武帝刘秀所灭。三国之时，蜀主刘备为义弟关羽复仇，轻敌冒进，为吴国孙权所败。刘备败归白帝城，改鱼腹为永安。唐贞观年间，因朝廷旌表蜀丞相诸葛亮奉昭烈皇帝刘备“托孤寄命，临大节而不可夺”之品质，改名奉节。杜甫抵奉节时，恰逢大雨，“白帝城中云出门，白帝城下雨翻盆”。虽早有故人夔州判官王十二于岸上相候，无奈，杜甫无法携家人上岸，只好致诗感谢好友：

依沙宿舸船，石濑月娟娟。
风起春灯乱，江鸣夜雨悬。
晨钟云外湿，胜地石堂烟。
柔橹轻鸥外，含凄觉汝贤。

此诗尽谢炉锤之迹，诗情含蓄蕴藉，笔法跌宕回环，选词炼句精妙老成。

杜甫与家人暂栖码头舟中。闻其前来，昔日严武旧部柏茂琳欢心不已，遂着帐下判官礼遇杜甫，羁留杜甫于夔州。将其家人安置于白帝城的西阁，按月给予粮物，并拨数个奴仆供杜甫差遣。遥想归乡之路再被阻绝，杜甫无奈，只好停下漂泊的脚步，于白帝城暂栖。

白帝城是一座承载着太多文化和历史的古城。初至此地，杜甫便登上白帝城楼，站在白帝城的最高处远眺四方：云雾笼罩的山峡，突兀盘结，犹如沉睡的龙虎；日光照射下的灌水，波光汹涌，好似鼋鼍游动。连绵不断的群山和滔滔东去的江水使杜甫万分感慨！他不禁“念天地之悠悠，独怆然而涕下”：

城尖径仄旌旆愁，独立缥缈之飞楼。
峡坼云霾龙虎卧，江清日抱鼋鼍游。
扶桑西枝对断石，弱水东影随长流。
杖藜叹世者谁子，泣血迸空回白头。

此诗非感叹小我之遭遇，而是感叹世事之艰难、社稷之忧患。周围的人见一老人登楼感叹世事，纷纷在打听、询问他是何人。此时，杜甫刚刚漂泊至白帝城，人地生疏，经人一问，又勾起无限的悲伤：自己一生飘零，忧国忧民，绝世诗家，竟到终老，无人能知！天地之间的大孤独油然而生。杜甫就在摇着满头白发回首应答的一刹那，血泪迸飞！世事的辛酸，人生的不平，皆浓缩在这一问一回之间。

此首拗体律诗，从格律到句法，皆显得非常独特。独立之人立于独立之楼，以独立之体、拗口之句，方能写尽不平之景、不平之情、不平之气！杜甫并非为形式而标新立异，一个个似乎摆错位置的字突兀起伏，满腔的悲愤因而跃然纸上。

秋天的夔州，天高云淡，柑橘飘香。可是，杜甫感受到的只有悲凉的秋风、冰冷的露珠、失群的孤雁及惊心的寒江涛声……自出蜀沿江漂泊以来，折道忠州，病卧云安，穿越三峡，羁旅白帝，“飘飘何所似，天地一沙鸥”！天地无系，乱世飘零，自己宛如风中枯叶、雨中浮萍。一路之上，逢故友灵柩东去，历三峡暗礁险滩，再闻杜鹃泣血、秋声暮鼓，悲凉之感若满山秋叶，飒飒直下。国事飘摇，归乡无路，迥于异日的浓重悲凉之感宛如一块块冰屑，垒积于胸。杜甫的心灵因承载着过多的悲愁而沉重、敏感，无奈独自登高临风，怆然而泣下……

杜甫将太多悲愁凝在《秋兴八首》之中，将其去国怀乡的思绪一浪又一浪地推向极致。穿过千年岁月，浸润着一代又一代人的心灵。其以“秋兴”立题，意为因感秋而寄兴。这八首诗是完整的组诗，因景寄情，既抒发了杜甫的漂泊之感、故国之思，也深深地寄托着杜甫对李唐王朝盛衰的感叹。

《秋兴》组诗从夔州写到长安，又从长安写到夔州，回环往复而章法井然，“毫发无遗憾，波澜独老成”。后人以为杜甫的《秋兴八首》可以当得庾信的《哀江南赋》，亦可与屈原的《哀郢》相比拟！杜甫于此诗之中，将其思乡之情、忧国之思、怀才不遇之叹、壮志未酬之憾、寂寞与抑郁之悲淋漓道出，悲壮苍凉，意境深闳。既体现出杜甫诗歌艺术手法的多样化以及周转驰骤于格律形式之中而不为格律形式所拘限之妙笔，又表现出杜甫高贵的人格品质。

十三·流寓江陵

汴宋军叛乱将故乡的归路再次阻断。杜甫日日登临高楼，望眼欲穿亦只有“望苦低垂泪”！秋末冬初，柏茂琳被朝廷加封夔州都督，为谢圣意，由杜甫代笔，起草上呈朝廷的《谢上表》。表中道：

加臣频烦阶级，镇守要冲如此。勉励疲钝，伏扬陛下之圣德，爱惜陛下之百姓，先之以简易，闲之以乐业，均之以赋敛，终之以敦劝，然后毕禁将士之暴，宏洽主客之宜，示以刑典难犯之科。宽以困穷，计无所出。哀今之人，庶古之道。内救惸独，外攘师寇。上报君父，曲尽庸拙之分；下循臣子，勤补失坠之目。灰粉骸骨，以备守官。伏惟恩慈，胡忍容易。愚臣之愿也，明主之望也……

此表颇得圣意，中使再传褒奖。柏茂琳顿觉杜甫文采尚有粉饰太平、扬名立万之益，遂再授杜甫工部检校员外郎之虚职，按月俸给，维持其生计，以此羁留杜甫。杜甫无奈，只得以手中竹管频频为柏茂琳及其他达官贵人歌功颂德，再次陷入人格独立与依附权贵的生活夹缝之中。杜甫自少年之时，因生性“厌机巧”而欲追随李白寻道访仙，“方期拾瑶草”；初入长安，报国无门之时，更是渴望“白鸥没浩荡，万里谁能驯”之自由生活；辞去剑南节度使幕府之职时，深感“白头趋幕府，深觉负平生”。然而，造化弄人，及至暮年，杜甫亦难摆脱“苦摇求食尾，常曝报恩腮”这种依附权贵的难堪生活。于夔州貌似平静的生活之下，在摇尾求食的人生职场中，其内心因强大的独立人格而承受着巨大的煎熬，其心灵时时浸泡在无限辛酸的泪水之中。

然而，怀着弥天悲悯之心的杜甫时刻也没有忘记更加苦难的人民。杜甫与家人所居的西阁位于山腰，地势很高。所饮之水是用竹筒从山中高处引泉水进入居宅。竹筒相连，蟠绕山间。杜甫曾与仆人阿段前去山中寻找水源，找到泉水之后，再与阿段一起伐竹取筒。竹筒相接长达百丈，一路将泉水引入西阁。数日奔波，一番辛劳，他们终于将竹筒接入厨房。西阁之中滴水的声音使其欢愉，杜甫便在《示獠奴阿段》诗中写道：“病渴三更回白首，传声一注湿青云。”未几，因山石崩落，砸裂了引水的竹筒。仆人信行上山修理，直到天黑方回。往返数十里山路，信行累乏不堪。杜甫心怀感恩和不安，连忙将自家食用的浮瓜和裂饼拿出，慰其劳苦。甚至，由信行修竹想到“行诸直如笔，用意崎岖外”。 在其心中，杜甫一直怀着众生平等的朴素理念。虽有奴仆役使，然其不愿轻易使人，宁可自己和家人亲手劳作。

杜甫与家人于院落之中开辟菜畦，种下莴苣。然而，莴苣未生，野苋疯长，竟将门前道路塞满。在叹息“阴阳一错乱，骄蹇不复理。枯旱于其中，炎方惨如毁”之时，杜甫不由联想到人间之事每每如此：“因知邪干正，掩抑至没齿。贤良虽得禄，守道不封己。拥塞败芝兰，众多盛荆杞。中园陷萧艾，老圃永为耻。”杜甫托物言事，以为乱世之中，奸邪小人往往容易得势，而正直之士却屡遭磨难。闻山野苍耳可以食用，亦可治疗风疾。杜甫就让孩子们到山野去摘苍耳，并由此想到人间不平，“乱世诛求急，黎民糠籺窄。

饱食复何心，荒哉膏粱客！富家厨肉臭，战地骸骨白。”

既无路归乡，又无法离开夔州，无奈的杜甫又思念起成都的草堂，遂上表柏茂琳，欲置草堂于夔州养老。柏茂琳接表，欢喜不已，着下人于夔州之东赤甲山下瀼西为杜甫选就平旷闲静之地辟屋，并赠送杜甫数十亩柑林。杜甫携家人和奴仆宛如燕雀筑巢，整修租来的旧舍，辟宅设院，种植花木，取名“瀼西草堂”，并自西阁迁居于此。随后，又着家人、奴仆入谷伐木，筑起栅栏，以防虎狼。杜甫有诗“彩云阴复白，锦树晓来青。身世双蓬鬓，乾坤一草亭。哀歌时自惜，醉舞为谁醒？细雨荷锄立，江猿吟翠屏”，描写的即是草堂的耕耘生活。

为解决全家口粮，杜甫于东屯租种百亩荒田，身体力行，亲事稼穑。历经饥荒的杜甫非常重视农事，对粮食与民生的关系较之他人也体会得更为深刻。插秧之时，他不顾年老体衰，亲至农田与家人、奴仆一起挥汗布秧；再引领众人疏浚沟渠，引水灌溉，将江北东屯昔日荒芜的军田变成了千畦稻田。望着碧泉沥沥、翠浪涌动的秧田，杜甫怀着劳动后的惬意和丰收在望的喜悦，写下《行官张望补稻畦水归》，记述灌溉东屯稻田之事。诗中对丰收在望的铺陈描写，真实而生动地表现了杜甫内心对结束战乱、人民安居乐业的强烈期盼。

收获的日子临近，杜甫对东屯秧田丰收的期望更加强烈。恰值卧病，他只好频频派家人和奴仆前去询问负责此田的行官张望，督促其使人因时灌溉、勤除杂草，争取更好的收成。杜甫又着女奴阿稽前去向行官张望解释如此费尽思量的原因：粮食丰收之后，要拿出部分救济百姓，并非完全为了堆满官家和自己的粮仓；如此行事，也并非为了博得仁里善人的名声，实在是不忍看着黎民生活得如此艰难。因此，他希望多收获些粮食。杜甫又作诗《秋行官张望督促东渚耗稻向毕，清晨遣女奴阿稽、竖子阿段往问》详记此事。

农业是国家命脉，立民立国之本。历经饥寒的杜甫深知无粮的滋味。

亲事稼穑

杜甫的情怀与黎民相同，“穷年忧黎元”的一贯思想，使其亲事稼穑，并写下赞美农业劳动的动人诗篇。热爱农业劳动的杜甫为便于管理秧田，干脆举家迁栖东屯。实则，亦有远离夔州达官显贵、企求世外桃源生活之意。恰有忠州司法参军吴郎来夔州寻觅居住之所，杜甫与其有亲，遂将瀼西草堂借给吴郎居住。

举家离开瀼西草堂时，杜甫忽然想起一件琐事：瀼西草堂堂前有枣树，秋天枣熟，常有西邻一位孤寡老妇悄然来打枣。其情戚然，其心惶恐，使杜甫怜而亲之。今离开草堂，忽然想起此事，杜甫竟特意写了《又呈吴郎》一诗寄语吴郎，诗云：“堂前扑枣任西邻，无食无儿一妇人。不为困穷宁有此？只缘恐惧转须亲。即防远客虽多事，便插疏篱却甚真。已诉征求贫到骨，正思戎马泪盈巾。”告知吴郎西邻老妇穷困无助，莫以其悄然打枣而惊扰。

面对山河破碎、民不聊生的时局，无奈的杜甫只能以手中诗笔，向天地发出无望的呐喊：“几时高议排金门，各使苍生有环堵！” “安得务农息战斗，普天无吏横索钱！”杜甫于夔州之时，亦创作大量的作品反映“诛求”之下的民生苦难：“戎马不如归马逸，千家今有百家存。哀哀寡妇诛求尽，恸哭秋原何处村？”“乱世诛求急，黎民糠籺窄。饱食复何心，荒哉膏粱客！”“征戍诛求寡妻哭，远客中宵泪沾臆。”“凄恻念诛求，薄敛近休明。乃知正人意，不苟飞长缨”……这些穿越岁月与人们良心的诗歌，引发人们心灵共鸣的诗歌，跳动着的是杜甫一颗仁爱宽厚、悲天悯人之心。

夔州乃川荆交汇之地，山高路险，野马荒坡；杂树丛生，虎豹成群；儒学不兴，世风彪悍。杜甫思乡心切，夔州美丽风物在其眼中皆有凄凉之色，“人烟生处僻，虎迹过新蹄”。忽闻吐蕃大军再次发兵侵窥灵武，同华节度使周智光据华州起兵谋反，杜甫暂得安宁的生活和心境被再次打破，归乡之思更浓。“是归去的时候了！”杜甫轻叹一声，不由老泪纵横。“何处是归程？”杜甫心中一叹，不禁茫茫四顾，百端交集：行不知所往，止不知所居。长满老茧的双足，拖着一个衰老久病的身躯，寒月荒山，踽踽独行。被秋风牵引，被江涛呼唤，杜甫不由再次登上白帝高楼，望江而思“不眠忧战伐，无力正乾坤”之困境，再思“心折此时无一寸，路迷何处见三秦”之迷途，国事、家事、百姓事、个人事……诸多的“艰难苦恨”齐涌心头。杜甫不由呜咽秋风，一首名震千古的悲歌于其登高纵目感怀之中，慨然而生：

风急天高猿啸哀，渚清沙白鸟飞回。
无边落木萧萧下，不尽长江滚滚来。
万里悲秋常作客，百年多病独登台。
艰难苦恨繁霜鬓，潦倒新停浊酒杯。

此时，恰有弟弟杜观来书，言及家乡战乱已平，并于河洛安下住所。杜甫欢喜异常，急着已经成人的宗文先行归乡安顿；而后，舍下夔州房舍、田地、果园及所有的一切，不顾柏茂琳的百般劝阻，携带家人，泛舟北上。

船已荡出。杜甫望着“赤甲白盐俱刺天，闾阎缭绕接山巅。枫林橘树丹青合，复道重楼锦绣悬”的峡江两岸，闻听“殊方日落玄猿哭”之声，不尽忧思若长江之水滚滚而来：想着国家动乱不止，想着自己一生的颠沛流离，年轻时“穷年忧黎元”“济时肯杀身”“致君尧舜上，再使风俗淳”的理想宏愿未能实现，老来穷困潦倒，体弱多病，更是于国于家无助。个人的不幸凝聚着国家和人民的不幸，杜甫此时的忧思与长江一样翻滚激荡，无止无息。

“弟妹萧条各何在，干戈衰谢两相催！”杜甫望着江岸上扶疏草木，萧瑟原野，不由再次含泪吟咏“无边落木萧萧下，不尽长江滚滚来”……

杜甫知道，远方等待自己的生活依然是漂泊疲惫、托足权门，依然无法摆脱“残杯与冷炙，到处潜悲辛”的命运，然唯一安慰自己的是离故乡的距离更近了！能闻到阔大的风吹送来的故乡泥土的气息。“回首黎元病，争权将帅诛。山林托疲苶，未必免崎岖”，杜甫在长长的叹息之中，扁舟过巫山、峡州、松滋等地，虽有停歇，皆不数日。扁舟沿江随波逐流，已抵至江陵。

江陵古城，城阙严整；高楼亭阁，连绵数里。虽于乱世之中，却未历战火，熙攘着虚假的繁华：店铺林立，货物琳琅满目；人潮如涌，叫卖之声不绝于耳。杜甫携家人上岸入城，前去投奔时任荆南节度使幕府行军司马的杜位。杜位乃杜甫族弟，昔年于李林甫偃月楼奏事，为其女六凤所喜，入赘相府为婿。奸相李林甫病故之后，杨国忠为相。为结私党，杨国忠将李林甫生前的大批冤案昭雪，随后，杨国忠又将李林甫生前罪状罗列数十款，款款皆是死罪。唐玄宗震怒，遂下旨查抄李家，褫去李林甫生前所有封号，又掘其尸骨，去其口含，抛于荒野。其子婿皆被流放，杜位亦是“攀龙忽堕天”，由朝中左拾遗不断遭贬斥，先至岭南，后至蜀地，再贬江陵。屡历世事无情变故，杜位见杜甫前来，心底陡然产生一缕亲情。就这样一缕如丝温情竟使杜甫感慨万端，使此时无路可走的杜甫再次止下漂泊的脚步。

商州兵变消息传来，杜甫心中自襄阳经南阳返洛阳的归乡之路，已经断绝。杜甫于此痛定思痛，陡然之间，竟又产生归京为官的念头，欲以残力报效朝廷。古代文人苦读诗书，若不为君王所用，无异于作茧自缚！只有为官一途，方能通过君王将自己的主张行之于世。深受儒家思想浸润的杜甫再闻故土难平，豪气陡升，作《江汉》一诗述之：

江汉思归客，乾坤一腐儒。
片云天共远，永夜月同孤。
落日心犹壮，秋风病欲苏。
古来存老马，不必取长途。

片云、孤月，写出作者流荡天涯的生活和寂寞的心情。落日、秋风，乃虚实相对，言自己年虽老而报国的壮心犹在，秋风送爽，病亦将愈。最后以识途老马自况，言自己尚有智慧可为国用。杜甫对国家的政局是明察的，十几年的动乱给了他许多宝贵的治国经验，自比为识途老马也是中肯之辞。

然而，京门万里，宫阙九重，杜甫漂泊于江湖之远，焉有归路？只好羁留江陵，望江浩叹！

江陵故人不稀。杜甫昔年旧交李之芳为江陵尚书，郑审为江陵少尹。荆南节度使卫伯玉亦好诗文，知其前来，恰值荆南新楼初成，遂邀杜甫为新楼赋诗。杜甫忍受着内心“苦摇求食尾”的巨大苦痛，面带微笑作着“常曝报恩鳃”之诗文。“自古江湖客，冥心若死灰”的杜甫在江陵活着！然而，活得如此不易：“饥籍家家米，愁征处处杯。”皆因其老迈，已无点缀之相；天下战乱之际，诗文无非乃眼前飞花、水中流珠而已！

唯有荆南司直王郎以为杜甫诗文大才，时常携酒探望。其人忠直，与杜甫谈及朝中朋比为奸、贪婪成风、方镇割据、专横暴政之国事，无不涕泪愤慨，仗剑狂呼。杜甫有《短歌行》与其唱和。此诗别具一格，虽尽讽刺、嘲弄于己之语，却对怀才不遇的王郎充满期待！诗风深沉苍劲，痛快淋漓，似是衰朽之音，却更似烈士暮年、壮心不已的绝响！令人读后百味于心，屡屡于含笑之中落下凄怆之泪。

未几，李之芳病殒江陵，杜甫再次发出友失己孤、怀友伤己之悲叹！秋冬之时，江边恰有一只孤飞病鹘咿呀着，踉跄飞过江面。杜甫不由心思震颤：自己亦是一只苍老病鹘！昔年“何当击凡鸟，毛血洒平芜”的英雄之气，荡然无存，只有空怀壮志，无力呻吟！已衰朽无力的杜甫如今日暮途穷，壮志难酬，空怀余恨！

杜甫流寓江陵，去止不定，落寞困顿，百无聊赖。有《暮归》一诗可见其心。诗中有云：“南渡桂水阙舟楫，北归秦川多鼓鼙。年过半百不称意，明日看云还杖藜。”在江陵留滞日久，昔日故人照顾亦是有限，杜甫深感乱世之下人心不古，世态炎凉。本急于离去，却北归不得。

“鸡鸣问前馆，世乱敢求安？”杜甫原本怀着一丝希望离开夔州，如今，最后的希望如同风中的泡沫，一点一点在破灭。自己一身傲骨，常为附依权贵而羞耻，难免于乱世之中啼饥号寒。“苦摇求食尾，常曝报恩鳃。结舌防谗柄，探肠有祸胎。苍茫步兵哭，展转仲宣哀。饥籍家家米，愁征处处杯”，即便沦落如此，仍不时遭人轻薄。尤其是公安山馆小吏对自己的轻视和无礼，使自尊心极强的杜甫更深地感受着世态的炎凉。“羁旅知交态，淹留见俗情。衰颜聊自哂，小吏最相轻。去国哀王粲，伤时哭贾生。狐狸何足道，豺虎正纵横。”

江水东注，路途未尽，伴着一如既往的“邻鸡”之鸣和“野哭”之声，一叶扁舟随波逐流，沿江而下。沿途之上，万物萧条，一派肃杀。孤舟之中，“无日不沙尘”；冬末江岸，“空村尽豺虎”。杜甫再次仰天慨叹：

天下郡国向万城，无有一城无甲兵。
焉得铸甲作农器，一寸荒田牛得耕。
牛尽耕，蚕亦成。
不劳烈士泪滂沱，男谷女丝行复歌。

杜甫一路悲歌，漂过公安、石首、监利等地，偶有停泊，时有吟诵。岁末之时，舟至岳阳。

岳阳城西门门楼即为名播天下的岳阳楼。“洞庭天下水，岳阳天下楼。”岳阳楼东依巴陵，西临洞庭，北枕万里长江，南望三湘四水。古为吴国阅兵楼，今为洞庭览景胜地。金顶玉阶，势与天通，气与地合；画梁飞檐，钩心斗角，豪壮不凡。杜甫舍舟登临岳阳楼，放眼八百里洞庭湖，衔远山，吞长江，浩浩荡荡，横无际涯，朝晖夕阴，气象万千。杜甫竟忽生“南有壮游”之意。回思昔年漫游吴越旧事，亦是豪情顿生。有诗记道：“留滞才难尽，

远眺岳阳楼

艰危气益增。图南未可料，变化有鲲鹏。”这就是执拗、坚韧的杜甫于生命最困顿之时的巨人情怀！杜甫登高望远，稍释郁怀，不由暗诵屈原的《湘夫人》：“帝子降兮北渚，目眇眇兮愁予。袅袅兮秋风，洞庭波兮木叶下……”实则，在杜甫心中，屈子与己皆志向高远，怀大才而不遇，忠君王而不用，于诗歌之中共同充盈着以德治世、忧国忧民的博大胸怀。悲歌同调不同声，屈子与己何其像也！想起颜色憔悴、形容枯槁的屈子行吟洞庭湖畔，而自己亦是穷途末路老病孤舟漂泊于此，莫非是香草美人般的屈子在向自己招魂？“苍梧恨不尽，染泪在丛筠。”杜甫不由思接神灵，情通先贤，“山鬼迷春竹，湘娥倚暮花。湖南清绝地，万古一长嗟。”杜甫又为眼前浩渺动荡的洞庭湖水触动了家国之忧、身世之慨，千古绝唱《登岳阳楼》遂浩然而出：

昔闻洞庭水，今上岳阳楼。
吴楚东南坼，乾坤日夜浮。
亲朋无一字，老病有孤舟。
戎马关山北，凭轩涕泗流。

十四·魂归异乡

恰值岁末，朝廷忽然传来赋税新政，施行什亩税法。在昔年赋税基础之上，再加青苗地钱。再加之，吐蕃复有进窥陇西之意，边境再度告急。百姓不堪重负，纷纷逃亡。杜甫于岳阳生活无着，北归无望，只好乘舟南去，欲投少时至交、时任衡州刺史的韦之晋。一路之上，漂泊于尽头的人生大孤独紧紧攫住杜甫，杜甫顿感自己若离国去乡的屈子，不禁矗立船头，发离骚之慨：

春岸桃花水，云帆枫树林。
偷生长避地，适远更沾襟。
老病南征日，君恩北望心。
百年歌自苦，未见有知音。

离开岳阳，杜甫乘船经由洞庭入湘水上溯，两岸蛇虎出没，环境险恶，“苍苍众色晚，熊挂玄蛇吼。黄罴在树颠，正为群虎守。”杜甫又将沿途所遇民生悲惨之事写入《遣遇》：“石间采蕨女，鬻市输官曹。丈夫死百役，暮返空村号。闻见事略同，刻剥及锥刀。”诗中的女子在水石间采蕨卖钱去缴纳赋税，丈夫已死于频繁的征役。由此回顾一路之见闻，杜甫不由愤激于官吏敲剥黎民已至极处！行船途中，见农田荒芜，民房空虚，农民忍受不了赋税压迫，皆已远逃他方，杜甫不禁痛声疾呼：“谁能叩君门，下令减征赋！”而此时，杜甫已是风烛残年，又“右臂偏枯半耳聋”，自顾无力，却仍然关心着苦难的人民！

杜甫须发蓬乱，满怀愁绪抵达衡州时，才知韦之晋已于三月间改任潭州刺史，只好沿湘江掉船而回，在潭州与韦之晋相遇。见少时至交杜甫前来，已至暮年的韦之晋感慨万端。二人相对无言，涕泪长流。杜甫早年游历陕西之时，与韦之晋、寇锡交游。其人以道自处，行成乎身，言合精理，文多雅兴。学以润政，深受儒教浸染；忠而好谋，又得兵家之要。为官数年，清静廉简，以礼教化。薄刑名以宣慈，均赋役而恤隐。为湖南观察使期间，因地临南越，民族杂居，韦之晋处理诸事得当，湖南未历战乱。朝廷以其德贤，特加御史大夫，任潭州刺史。韦之晋深情款待杜甫，并安置杜甫家人暂栖公馆。

杜甫刚刚歇下漂泊的脚步，未及喘过气来，韦之晋即病死任上。其唯一的依靠瞬间倒塌，其情其哀可想而知。杜甫有诗《哭韦大夫》，痛悼韦之晋，尽道昔年交谊和失去友人之悲。苍天有情，潭州竟纷纷扬扬落下数年难见的大雪。麓山湘江，一片苍茫；两岸市井，混沌难辨。大雪漫天，若杜甫无尽的忧思。大雪之中，杜甫心如冰冻，冷彻骨髓，唯有《舟中夜雪，有怀卢十四侍御弟》和《对雪》之诗将其感受诉说……

雪夜湘江，北风呼啸。颠簸的孤舟之中，杜甫分明感觉到巨大的黑暗和寒冷在压迫着自己，“烛斜初近见，舟重竟无闻”。依着微弱的烛光，可隐约看到舱外狂乱的雪花。因为积雪太厚，已听不到雪打船篷的声音。舱外大雪无声，南楼的月，北渚的云，皆已瑟缩着不知躲到何处！僵卧于冰冷的舟中，杜甫不由得想起表弟卢十四，是他护送老友韦之晋灵柩北上回京的。在这风雪之夜，他们会在何方？自己又将何往？

此夜，杜甫经历着冰冷和怀人的煎熬，彻夜难眠！于《对雪》一诗中，杜甫写到“北雪犯长沙，胡云冷万家”。正是北方的雪和北方的云，一下子将潭州带入冰冷的世界，亦是发自北方的安史之乱将杜甫一家置于今日困苦凄寒之境地！

韦之晋骤然而逝，使杜甫的生活又一次跌入困顿无依的境地。为了家人生计，杜甫无奈提起竹管，写诗向崔涣及表弟等人求援。生活已是如此艰难，杜甫却依然将国事民情悬于心上。有故人裴虬途经潭州前往道州任刺史，杜甫于送行宴席之上，赠诗裴虬，叮嘱其到任后，“上请减兵甲，下请安井田”。其后，又在给裴虬的答诗之中，继续叮嘱：“致君尧舜付公等，早据要路思捐躯。”杜甫已是心力交瘁，日暮途穷，只好把平生之志托付给好友代为实现。

此时，北方河洛之地战乱又起——吐蕃大军与唐军激战陇右、关山。北归无望，南去途尽，杜甫只好暂栖潭州，以舟为家。为了生存，杜甫携着家人上山采药，顺便为江上渔民诊治小疾。

杜甫怀着大悲悯之心，洗尽铅华，对渔人诚恳热心，自然得到当地渔人的爱戴。渔人们自发地将渔市上较好的位置让与杜甫，杜甫家人于此摆下药摊，出售草药，得以艰难度日。

未几，崔瓘接任潭州刺史。其人以士行闻，莅职清谨。刚至潭州，便削去烦苛，以安人为务，政在简肃，恭守礼法。未及月余，深受赋税重压的流民纷纷返乡，潭州增户数万。闻杜甫漂泊此地，崔瓘急忙着人相寻，礼遇甚厚。但不久，潭州兵马使臧玠领兵作乱，以杀达奚觐为名，围攻府衙。崔瓘惶恐遽走，却逢臧玠兵至，竟被乱刀杀死。全城百姓皆仓皇出逃，哀声震天。杜甫之子宗武撑着全家人栖息的小舟仓皇离开潭州，上溯湘水，南往衡州。幸而衡州刺史阳济给予了周到款待，安置杜甫暂栖公馆。上岸喘息之后，杜甫作《逃难》诗总结了一生的逃难生活。

在衡州寓居数日，时任郴州录事参军的舅舅崔伟数次来书，邀杜甫前往郴州暂栖。杜甫归乡无望，只好怀着凄怆之心，溯耒水前往郴州。

行之中途，他们偶遇岩滩之上一群遭遇覆舟的渔民。杜甫见其苦于无食，奄奄一息，遂泊舟上岸，将船中所剩不多的粥米施于遇难渔民。妻子杨氏流泪道："若此施舍，如何度日？"杜甫安慰道："我已算过行期，不日可抵郴州，无忧也！"遂登船扬帆南去。

不料，"天有不测风云"，行至耒阳方田驿之时，江水暴涨，浊浪滔天，小舟难以抵御风浪，无法前行。祸不单行，又天降暴雨，杜甫一家只好拢船于小山之下，暂避风浪。行程骤延，米粮已绝。小舟于回水湾停泊五日，一家人嗷嗷待毙。

小女已是无力睁眼，口中喃喃道："天将黑了。"杜甫怀拥小女，轻声道："你怎知天将黑了？"女儿道："我看着岸上的树已经由绿变灰了，花儿开始落了，蝴蝶回家了。"杜甫安慰女儿道："天还没黑，还能看见花朵。"女儿好奇问道："那怎样的天算黑了？"杜甫低声道："当你在灯下看到的人们都是亲人的时候，天就黑了。"妻子杨氏听着这对父女的对话，亦是无力流泪……

好心渔民将杜甫困于此地的消息告知耒阳县令。县令闻听，惊道："天下难得的诗才困顿于此，焉能不顾？"急忙派人送信问候，并厚赠杜甫酒水、食物。全家人于黑暗之中突遇亮光，不由欢喜。杜甫于性命垂危之际，得此关照，亦十分感激耒阳县令的慷慨急难之心，作诗答谢。

得杜甫之诗，耒阳县令待大雨初停，便亲往杜甫泊船之处探望，却不知杜甫因江水所阻，已携家人掉转船头北归。耒阳县令眼前只见大河浊浪滚滚，洪水滔天，想着杜甫与家人恐为洪水淹没，不由面对耒水，仰天大哭；

回水湾避难

又派人沿江找寻未果，只寻得杜甫家人弃下的一只旧履……遂于耒阳城北为杜甫垒起一座衣冠冢，以纪念他爱戴的苦命诗人。而历史亦因此记下了这位爱才的聂县令！

因耒水洪水暴涨，小舟无法前行，杜甫抱病之下，只好决意掉转船头，返回衡州。漂泊日久，杜甫风疾加重，以致卧船难起。幼女未能经受此次艰难风波，大雨之中，已于船上夭折。失去爱女，杜甫心如雷击，万念俱灰。若言大雨是天下所有泪水的集合，亦抵不上杜甫心中久积的苦痛！

将幼女葬于异乡路边，杜甫以枯槁之手，亲自移来一株杂花，和泪植下……

孤舟向北飘摇，继续向杜甫心中的方向无力摇去。漂泊潇湘所带来的苦难和悲伤，一叶小舟已经无法承载，杜甫的生命亦渐渐枯萎！正值暮秋，山中黄叶似不尽忧愁，如雪而下……

臧玠之乱已平，衡阳虽有故友挽留，然杜甫已经抱定魂归故乡的决心，哪怕故乡有再多的战乱和风雨！归乡，归乡，过襄阳，经南阳，到洛阳！“朱明承夜兮，时不可以淹。皋兰被径兮，斯路渐。湛湛江水兮，上有枫。目极千里兮，伤春心。魂兮归来，哀江南……”杜甫挤出生命最后一点力气，欲由汉水北归。小舟离开衡阳，沿湘水北上至潭州，欲下洞庭。杜甫在临行前作《暮秋将归秦留别湖南幕府亲友》：

水阔苍梧野，天高白帝秋。
途穷那免哭，身老不禁愁。
大府才能会，诸公德业优。
北归冲雨雪，谁悯敝貂裘。

无人呼应一个天才诗人、一个忧国忧民的诗人最后的祈求！苍天无语，大地无声，一叶扁舟于空荡荡的天地时空孤独来去！杜甫知道这一天终于要来了，无数次与其擦肩而过的死神不期而至了！回想自己一生始终处于忧愤之中，杜甫不禁忧从中来，忧如丝绕，发出白头之叹！

忧从何来？忧从万国来朝到兵荒马乱，弹指一挥间盛世訇然衰折，人生反复无常之中而来！

忧从何来？忧从大唐当今的国势而来。刀枪入库、马放南山的和平光景转眼之间被残酷的刀光剑影取代，乌云压城，大厦将倾，大唐王朝面临着突如其来的叛变，经历着一场不可预测的危机。弥漫的硝烟遮住了杜甫的双目，所有的闲情逸致都被刀光剑影、四处烽火笼罩着。杜甫心中充满了焦虑和不安，充满了愤怒与伤感。

忧从何来？忧从民生之多艰而来。安史之乱如同一场惊心动魄的暴风骤雨，将大唐盛世的铅华洗尽，华美的霓裳被无情地挑落，露出衣衫褴褛的战后残局。杜甫一直在观察着，忧心忡忡、忧心如焚地观察着。在家中，在酒宴上，在各种场合，他愤怒地抨击这场战争的始作俑者。带着困惑，他离开了长安，步伐远离京城，目光投向民间，为黎民疾苦而忧！

忧从何来？忧从贫病而来。杜甫长期处于贫困之中，为生计犯愁。除了满腹诗书，他居无定所，颠沛流离，只能过着“朝扣富儿门，暮随肥马尘。残杯与冷炙，到处潜悲辛”的寒酸生活。

忧从何来？忧从漂泊途中而来！杜甫一直在守望着，祈盼着。而此时的他，只不过是个被君王抛弃的旧日臣子，一个退隐于江湖的游子，充其量也只能算作一个民间文人。想想自己一介书生去国离家，又不被理解，杜甫无法使自己平静下来，涕泪一次次沾湿了衣襟。杜甫有流不完的泪，数不尽的哭诉，“忧端齐终南！”一座大山是“致君尧舜上，再使风俗淳”的理想起点，一座大山是“朱门酒肉臭，路有冻死骨”的失望终点，横亘于两座大山之间的，是不尽的忧思和悲愤！杜甫的忧与屈原的忧，异代同流，均出于爱国心切……

杜甫倚着船窗，望着流水。蒙眬之中，他感觉自己正在恍惚地往前走，走着走着，便陷入了贼军之中，脱身，再走。历经千辛万苦，杜甫总算找到了行在，官拜左拾遗，旋即又因冒死为宰相房琯辩护而被贬。之后，他继续走着，走向羌村，走向华州，继而弃官，自食其力；继续走着，走向秦川、同谷，走向成都、夔州、江陵，再走向潇湘，仍然未能止下脚步！实际上，杜甫心中想去的地方只有洛阳、只有长安！可是，自己辗转万里，却怎么也走不到！

“时危思报主，衰谢不能休”“数州消息断，愁坐正书空”。乱世之时，报国无方。杜甫于饿寒之中倚望蓬门，周遭仅剩下一介书生的沉重忧思！面对着一个无序的世界，一个不知前途的未来，杜甫忽然大声疾呼：“乾坤含疮痍，忧虞何时毕！”

宗武闻听父亲撕心裂肺的狂呼，急忙奔入船舱。于片刻之间，杜甫似被一股神奇的力量支撑着，坚强起身，挽其袖管，伏枕而书绝笔诗——《风疾舟中伏枕书怀三十六韵奉呈湖南亲友》。

诗中以自己早年在朝做左拾遗时因救房琯而触怒肃宗这一生活史上的大事为起点，追述了获罪贬官以来长期漂泊的苦难历程。接着叙述进入湖南以后的困苦生活：“乌几重重缚，鹑衣寸寸针。”生活艰难如此！而病情总不见好转，吃药也不见效；幼女不幸夭亡，埋在异乡的路旁……惨淡陈述，字字可泣。但是，于生命垂危之际，杜甫仍然没有忘怀国家的灾难和民生的凄惨，于诗末言道：“公孙仍恃险，侯景未生擒。书信中原阔，干戈北斗深。”杜甫在生命的尽头，依然痛苦牵挂亲友、牵挂他的国家：“战血流依旧，军声动至今……”

当生死与共的妻子走进船舱时，杜甫略拂心绪，手指墙上悬挂的大弓，平静道：“苏涣曾言：大丈夫应该如此！”遂倔强起身，自书匣之中，抽出已是生满蛀锈的宝剑，小心擦拭。船外一声惊雷，暴雨如注……

杜甫望着船下浑浊的汨罗江水，默然良久，不由想起忧念家国的屈原就是在这里走完人生的最后历程。他仿佛看到屈子高举香草在前面引路，为

舟中绝笔

已招魂，“应共冤魂语，投诗赠汨罗……”杜甫一声低叹：“哀吾生之无乐兮，幽独处乎山中。吾不能变心而从俗兮，固将愁苦而终穷。”遂奋力将床头一壶浊酒一饮而尽，奋力甩脱妻子，踉跄起身，竟以手中锈剑掀开船外雨帘，于雷电大雨之中，边舞边歌屈子《涉江》：

世溷浊而莫余知兮，吾方高驰而不顾。驾青虬兮骖白螭，吾与重华游兮瑶之圃。登昆仑兮食玉英，与天地兮同寿，与日月兮同光……

在这一刻，没人能懂得他的内心世界。所有的努力，也只是靠近他而已！杜甫半生流离，却从未停止歌唱。就在此时，有一股巨大的力量令他再次昂起头来。这力量来自宣父、屈原、司马迁……也来自广袤的大地，来自生机勃勃的山水、不屈不挠的民间，甚至来自于毅然从军的老夫，半夜离家的老妪，新婚送丈夫上前线的烈女……他们都在给予他力量，使他傲然挺立于大地之上、天穹之中……

片刻之后，杜甫的声音渐渐平息。随着宝剑“当啷”一声落地，杜甫怀着对国家的深重忧虑和未能见到太平景象之遗恨，与屈原一样，魂归汨罗江上，魂归天地苍茫之间！